O QUE EU TENHO A VER COM ISSO?

Por Juliano de Castro

Publicações Pão Diário

O que eu tenho a ver com isso?
Por Juliano Oliveira de Castro

Coordenação editorial: Adolfo A. Hickmann
Revisão: Luduvina Valbão, Giovana Caetano, Marília P. Lara
Coordenação gráfica e de artes: Rebeka Werner
Projeto gráfico, diagramação e capa: Isabel Baraças

Dados internacionais de Catalogação na Publicação (CIP)

CASTRO, Juliano Oliveira de
O que eu tenho a ver com isso?
Curitiba/PR, Publicações Pão Diário

1. Vida cristã 2. Evangelismo 3. Jovens 4. Personagens bíblicos

Publicações Pão Diário
Caixa Postal 9740
82620-981 Curitiba/PR, Brasil
publicacoes@paodiario.org
www.publicacoespaodiario.com.br
Telefone: (41) 3257-4028

Código: TJ562 • ISBN: 978-65-5350-726-5

1ª edição 2025

Impresso no Brasil

Sumário

Agradecimentos

Primeiramente, toda honra e glória a Deus, a quem devo tudo o que sou e tudo o que tenho. "Dai graças em todas as circunstâncias, pois esta é a vontade de Deus para vocês em Cristo Jesus" (1 Tessalonicenses 5:18). Sua graça e misericórdia me sustentaram em cada passo dessa jornada, e sem Ele, este livro não existiria.

Agradeço à minha amada e compreensiva esposa, Thaís, por seu apoio incondicional. Você é minha companheira em todas as loucuras da vida, e nada seria possível sem a sua paciência, sabedoria e amor. A nossa vida é uma verdadeira aventura, especialmente com nossas duas filhas, Maria e Júlia, que enchem nossos dias de alegria, risos e surpresas. Vocês, meninas, são a minha fonte constante de inspiração e motivação. A Maria, com seus 6 anos, e a Júlia, com seus 4 anos, me ensinam a ver o mundo com olhos novos todos os dias.

Este livro nasceu há muitos anos, durante meu tempo no seminário, quando comecei a trabalhar com adolescentes e me deparei com os dilemas emocionais que eles enfrentavam. Naquela época, eu não imaginava o quão importante seria compreender esses dilemas nos dias tão complexos e desafiadores que vivemos hoje.

Agradeço também a Igreja do Senhor Jesus, principalmente a todos os adolescentes e jovens com quem tive o privilégio de caminhar e pastorear ao longo dos anos. Vocês me ensinaram tanto quanto eu espero ter ensinado a vocês. Este livro é uma resposta às suas questões, um esforço para ajudar a navegar pelas tempestades emocionais e espirituais da adolescência e juventude.

Prefácio

Vivemos em uma era de constantes mudanças, um tempo em que as pressões e os desafios enfrentados pelos adolescentes e jovens parecem se multiplicar a cada dia. Com a avalanche de informações e expectativas que nos cerca, pode ser difícil encontrar nosso lugar, entender nossas emoções e equilibrar tudo isso com nossa fé. No entanto, é exatamente nesses tempos difíceis que somos chamados a fazer uma pausa e perguntar: "O que eu tenho a ver com isso?"

Este livro nasceu de anos de observação, reflexão e trabalho com adolescentes. Durante minha época no seminário, enquanto servia e aprendia com eles, comecei a perceber que os dilemas emocionais que enfrentam não são tão diferentes daqueles que nós, adultos, enfrentamos. Eles apenas se manifestam de maneiras diferentes. O medo, a ansiedade, o desejo de aceitação, o confronto com a identidade – são todos desafios humanos universais, mas que parecem se intensificar na adolescência, quando estamos descobrindo quem realmente somos.

A pergunta central deste livro, "O que eu tenho a ver com isso?", é um convite à reflexão. Vivemos em um mundo que muitas vezes nos ensina a buscar respostas rápidas e soluções fáceis. Mas o verdadeiro crescimento – emocional, espiritual e pessoal – vem da capacidade de se fazer perguntas difíceis e de confrontar a realidade de nossas emoções à luz da fé.

Durante minha caminhada com adolescentes, aprendi que não há respostas simples para os dilemas da vida. Mas há princípios que podemos seguir, verdades que podemos abraçar e uma fé que pode nos guiar, mesmo nas tempestades. Em meio ao caos do dia a dia, este livro é um chamado para que você faça uma pausa e reflita sobre como a fé pode transformar suas emoções e moldar seu caráter.

Este não é apenas um livro para adolescentes. É um livro para todos nós, que ainda estamos descobrindo como equilibrar nossas emoções com nossa fé em um mundo que parece estar em constante mudança. Que esta jornada leve você a uma reflexão mais profunda sobre quem você é, no que você acredita e como essas verdades podem guiá-lo em direção a uma vida mais significativa e cheia de propósito.

Bem-vindo a esta jornada. Que Deus ilumine cada passo do caminho.
Com fé, esperança e amor, Juliano Oliveira de Castro

Introdução

Imagine-se navegando pelo ritmo frenético de uma grande metrópole. Ao seu redor, edifícios altos parecem tocar o céu, enquanto ruas movimentadas pulsam com a energia de milhares de pessoas indo e vindo, cada uma com seus próprios destinos. O som incessante das buzinas, o brilho das luzes de neon, e as constantes notificações no seu telefone são lembretes de que o mundo ao seu redor nunca para. A vida moderna é assim: acelerada, exigente e muitas vezes implacável. Mas, em meio a esse caos, pare por um momento. Respire fundo e pergunte a si mesmo: “Qual é o meu propósito? Como posso encontrar significado em meio a tudo isso? E onde a fé se encaixa nisso?”

Talvez você já tenha se sentido como se estivesse correndo contra o relógio, tentando acompanhar o ritmo dessa era de conectividade ininterrupta. A sensação de estar em uma corrida interminável, tentando se destacar em meio a milhões de outras pessoas conectadas, mas, paradoxalmente, se sentindo sozinho. É provável que você já tenha rolado pelo feed do Instagram ou do TikTok, vendo vidas aparentemente perfeitas desfilarem diante de seus olhos, e se perguntado: “Por que minha vida não é assim?”. Se já experimentou essa sensação, saiba que você não está sozinho. E este livro foi escrito especialmente para pessoas como você.

Este livro não é apenas uma coleção de histórias; é um convite para uma jornada transformadora. Uma jornada que busca responder às perguntas mais profundas sobre quem somos, qual é o nosso propósito e como podemos encontrar significado em meio às pressões do mundo moderno. Cada capítulo deste livro é como uma bússola, apontando para o norte da sua própria vida, onde fé, propósito e desafios se encontram. Independentemente de você ser alguém que busca sucesso no mundo dos negócios, nas artes, na ciência ou simplesmente na vida diária, aqui, você encontrará personagens que enfrentam os mesmos dilemas que você. Eles caminham pelos mesmos altos e baixos da vida, mas descobrem algo poderoso ao longo do caminho: o valor da fé e a beleza de uma vida com propósito.

O Desafio da Vida Moderna

A vida moderna, com toda sua promessa de facilidade e eficiência, muitas vezes nos deixa sobrecarregados. Somos constantemente bombardeados por comparações, prazos e a necessidade incessante de mostrar ao mundo o melhor de nós mesmos. As redes sociais, que inicialmente surgiram para conectar pessoas, agora parecem ditar o que significa ser bem-sucedido. É fácil, nessa cultura de comparação, sentir-se perdido e desconectado daquilo que realmente importa. Mas, e se eu te dissesse que existe um caminho melhor? Um caminho mais autêntico, que não só leva ao sucesso, mas também à paz interior?

Esse caminho existe, e você não precisa trilhá-lo sozinho. Assim como Adão, um jovem que luta para encontrar seu lugar em um mundo dominado por likes e perfis perfeitos, muitos de nós estamos em busca de uma conexão mais profunda. Algo que vá além da superfície brilhante das redes sociais e nos conecte à nossa verdadeira essência. Nas páginas seguintes, você descobrirá que as lutas internas - aquelas que raramente compartilhamos em nossas timelines são, na verdade, oportunidades para um encontro mais profundo com quem você realmente é e com o propósito que Deus tem para a sua vida.

Aqui você irá se identificar com histórias como a de Eva. Ela vive em Paris, a cidade das luzes e dos sonhos, mas descobre que a verdadeira beleza não está nas vitrines luxuosas ou nas fotos perfeitas postadas online. Ao contrário, ela encontra beleza na autenticidade de viver de acordo com a própria verdade. Ao mesmo tempo, Noé nos ensina que, em tempos de crise, quando o mundo parece desmoronar ao nosso redor, há força e propósito em liderar com fé e compaixão. E Abraão, assim como muitos de nós, enfrenta o desafio de equilibrar sua carreira com integridade, provando que é possivel seguir os princípios da fé enquanto se navega pelas complexidades da vida moderna.

Cada história neste livro não é apenas uma narrativa, mas uma lição. São histórias moldadas não apenas pela força de vontade ou pelo desejo de sucesso, mas pela fé: uma fé que muitas vezes é desafiada, testada, mas que nunca é abandonada. Essas histórias são como espelhos. Ao lê-las, você verá reflexos de sua própria vida, de seus próprios desafios e de suas próprias perguntas. E, ao final de cada capítulo, você não encontrará apenas respostas, mas também um novo senso de direção e uma chama renovada de esperança.

Além do Sucesso: Uma Vida Significativa

Este livro não foca apenas em "Como posso ter sucesso?" ou "Como posso ser o melhor?". Ele vai além dessas perguntas, propondo uma reflexão mais profunda: "Como posso viver uma vida significativa?". É aqui que o poder da fé entra em cena. A fé não é apenas um conceito religioso; é a força que nos mantém de pé quando o chão parece desmoronar sob nossos pés. É o farol que nos guia através das tempestades da vida, lembrando-nos de que há um propósito maior em cada desafio, em cada vitória e em cada fracasso.

Esse livro oferece um roteiro espiritual para navegar pelos altos e baixos da vida. A obra é um chamado para olhar além das aparências e descobrir a profundidade da vida através da fé. Aqui, você encontrará estratégias práticas para aplicar os princípios da fé em sua vida diária, desde suas relações pessoais até suas decisões profissionais. Este material é mais do que uma leitura; é uma ferramenta para transformar a maneira como você vê o mundo, sua fé e a si mesmo.

Conectando-se ao que Realmente Importa

Vivemos na era da hiperconexão. As notificações não param, e estamos constantemente ligados a dispositivos que nos conectam a tudo, menos ao que realmente importa. Em uma sociedade onde a imagem parece valer mais do que o ser, é fácil cair na armadilha de comparar nossas vidas com as dos outros. No entanto, apesar de tantas conexões virtuais, muitas vezes nos sentimos desconectados da nossa própria essência. As redes sociais criam uma ilusão de proximidade e sucesso, mas também alimentam uma sensação de inadequação, nos afastando do nosso verdadeiro eu.

Cada capítulo deste livro fala diretamente a essa experiência, colocando o leitor no centro de uma jornada que oscila entre os desafios da vida moderna e a busca por propósito e fé. Aqui, você encontrará personagens que, como você, enfrentam dilemas sobre quem são, o que querem ser e como podem encontrar seu lugar em um mundo cada vez mais caótico e exigente. Esses personagens são seus guias, suas bússolas em uma jornada que pode parecer solitária, mas que, na verdade, é compartilhada por muitos.

Adão, Eva, Caim, Abel, Noé, Abraão, Sara, Isaque, Rebeca e tantos outros. Nomes conhecidos das Escrituras que aqui ganham nova vida. Mas não se engane: estas não são meras recontagens das histórias bíblicas. Estes personagens são jovens vivendo em grandes cidades, enfrentando desafios muito semelhantes aos seus - e isso faz toda a diferença. Você verá Adão, um garoto de 16 anos, lutando para encontrar seu lugar em um mundo dominado por likes e curtidas, onde a felicidade parece ser medida pela quantidade de seguidores. Eva, vivendo no coração de Paris, enfrenta as pressões da comparação constante enquanto tenta brilhar à sua maneira. E Caim e Abel, dois irmãos que, entre disputas internas e ciúmes, encontram um caminho de reconciliação que só a fé pode proporcionar.

Essas histórias são desenhadas para ressoar com você, com suas experiências e desafios. Elas abordam questões como solidão, comparação, inveja, resiliência e fé, mas de uma forma que conecta as lições bíblicas ao contexto do mundo digital e globalizado em que vivemos.

Ao longo de cada página, você sentirá o poder da Palavra e como ela pode influenciar sua vida cotidiana. Esta é a fusão perfeita entre os ensinamentos bíblicos, que nos inspiram a ver Deus em todos os momentos do dia, e as narrativas criadas, que capturam a atenção desde o primeiro parágrafo e nos mantêm engajados até o final. Assim, quero trazer esperança através de histórias que tocam o coração, este livro o convida a mergulhar fundo em questões espirituais que você talvez nunca tenha explorado antes, mas que estão presentes em cada decisão que você toma.

Um Convite à Reflexão e Crescimento

Este livro é um convite para que você olhe para dentro de si e se conecte com o que há de mais profundo em sua alma. Aqui, você não encontrará respostas prontas, mas sim provocações que o ajudarão a refletir sobre seu caminho, suas escolhas e sua fé. A cada capítulo, você será desafiado a reconsiderar o que realmente importa em sua vida e a buscar um propósito maior, guiado pela fé e pela sabedoria que atravessam os séculos. Prepare-se para uma leitura envolvente, onde cada capítulo é uma oportunidade de crescimento pessoal e espiritual. Você descobrirá que, independentemente de onde esteja ou dos desafios que enfrente, existe um caminho de fé e esperança esperando para ser trilhado.

Então, respire fundo e embarque nesta jornada. As páginas seguintes são o seu mapa para encontrar significado em meio ao caos e reconectar-se com aquilo que realmente importa. Afinal, como dizem as Escrituras: “Eis que faço novas todas as coisas” (Apocalipse 21:5). Esta é a sua chance de fazer o mesmo.

Seu amigo e pastor,

Juliano de Castro.

(Mas pode chamar de Pr. Juju)

Capítulo 01

Adão: O Desafio de Encontrar Seu Lugar no Mundo dos Likes

Imagine-se em São Paulo, essa metrópole gigante onde os prédios arranham o céu e o sol dá um show particular refletindo neles, enquanto o som incessante do trânsito cria a trilha sonora do cotidiano. Aqui vive Adão, um cara de 16 anos tentando achar seu espaço num universo onde a vida online é quase mais real que a offline.

Quando o despertador do seu celular toca, começa o dilema diário de Adão: amar e odiar essa pequena máquina que o conecta ao mundo. Um rolê pelas redes sociais é o primeiro item da agenda, onde ele vê a galera compartilhando momentos que, só de olhar, parecem tirados de um filme: todos felizes, namorando, vivendo o tal "felizes para sempre". Enquanto isso, ele tenta se achar no meio dessa tempestade de perfeição, escolhendo a roupa para mais um dia na escola, tentando se encaixar e, ao mesmo tempo, se sentindo um peixe fora d'água.

O caminho até a escola é um filme à parte. Entre ruas que não param e parques que mais parecem lutar para manter seu verde no meio do cinza, Adão vai pensando na vida. Ele até tem amigos, mas rola uma solidão que nenhum like é capaz de curar.

Adão é aquele aluno que todo professor gostaria de ter: dedicado e sempre participando das atividades extras. Mas, por dentro, ele sente um vazio enorme. Olhando os casais na escola, ele se pergunta por que ele está sempre no modo "solteiro", enquanto parece que todo mundo encontrou sua cara-metade.

Um dia, numa aula de literatura, o professor solta uma frase da Bíblia, que mexe com Adão de um jeito novo. É sobre não ser bom estar sozinho, algo que ele já ouviu na igreja várias vezes. Isso faz com que ele comece a pensar se essa solidão é um sinal de que ele precisa viver mais sua fé ou se é só mais uma coisa da vida moderna.

Depois da aula, buscando um momento de paz longe das telas, Adão vai para o parque. Lá, sentado sob uma árvore, ele reflete sobre sua vida, sua fé, e sua solidão. "O que eu tenho a ver com isso?", ele se pergunta, pensando sobre como encontrar seu lugar no mundo.

Nesse momento de introspecção, uma colega de escola aparece. Ela também parece estar buscando um refúgio da loucura do dia a dia. Eles trocam ideias e sentimentos, descobrindo que, apesar das diferenças, compartilham o mesmo sentimento de isolamento. Essa conversa abre caminho para uma amizade sincera, mostrando para Adão que conexões de verdade podem surgir onde menos esperamos.

Adão começa a enxergar sua solidão de outra maneira: não como um defeito ou uma sentença de isolamento eterno, mas como uma chance de se conectar de forma mais significativa com as pessoas e com Deus. Ele percebe que, até nas histórias da Bíblia, os momentos de solidão muitas vezes vêm antes de grandes descobertas de fé e propósito. Motivado por essa nova visão, ele se envolve mais com a galera jovem da igreja, buscando não só companhia, mas um jeito de viver sua fé de forma mais ativa.

Adão ainda tem seus momentos de solidão, mas agora ele os vê como parte de sua jornada única, uma oportunidade para explorar mais a fundo quem ele é e o mundo à sua volta.

A jornada de Adão mostra que, mesmo na maior das cidades ou na era mais conectada, todos estamos em busca de algo mais: significado, propósito e uma conexão verdadeira com os outros , consigo mesmo e com Deus.

O QUE EU TENHO A VER COM ISSO?

Solidão:

Um Papo Direto Sobre Se Sentir Sozinho e o Que a Fé Tem a Ver Com Isso

Sabe aquele sentimento de estar sozinho mesmo quando está rodeado de pessoas, ou aquela sensação de vazio que bate mesmo quando você tem mil notificações no celular. Sabe do que estou falando? Então, bora entender um pouco mais sobre isso e descobrir o que a fé cristã tem a dizer.

Você Não Está Sozinho Nessa

Primeiramente, se você já se sentiu ou se sente sozinho, queria começar dizendo: você não está sozinho nessa. Parece irônico, né? Mas é a mais pura verdade. Todo mundo, em algum momento da vida, vai se sentir assim. E isso inclui aquela galera que você acha que tem a vida perfeita no Instagram.

O Que a Bíblia Diz Sobre Solidão?

A Bíblia, que é tipo o app mais antigo de sabedoria e conselhos para a vida, fala bastante sobre se sentir sozinho. Um dos caras mais conhecidos da Bíblia, Davi, compartilhou um monte de sentimentos de solidão nos Salmos. Ele falava com Deus sobre tudo: desde estar super feliz até se sentir completamente sozinho e perdido. E aí está o lance: ele sempre lembrava que, mesmo se sentindo sozinho, não estava realmente sozinho porque Deus estava com ele.

Por Que a Solidão?

Agora, você pode estar pensando: "Tá, mas por que eu tenho que me sentir sozinho?" Bom, a solidão pode ser um sinal de que precisamos parar um pouco. É como se fosse um alerta do nosso corpo ou da nossa mente dizendo: "Ei, precisa de uma pausa aqui! Vamos reavaliar algumas coisas." Pode ser um momento para você se conectar mais com você mesmo, pensar no que realmente importa, e, sim, se conectar de um jeito mais profundo com Deus.

Conexão Real x Conexão Virtual

Vivemos na era da hiper conexão, certo? Celular sempre à mão, redes sociais bombando..., mas, às vezes, quanto mais conectados estamos virtualmente, mais desconectados nos sentimos na vida real. A fé cristã nos lembra que as conexões reais, aquelas conversas cara a cara, os momentos de oração e meditação, são superimportantes. Deus criou a gente para viver em comunidade, para compartilhar a vida com os outros.

Como Lidar Com a Solidão?

Converse com Deus:

Sabe aquele desabafo sincero? Você pode fazer isso com Deus. Ele te ouve, sempre.

Encontre sua turma:

Procure pessoas com quem você se identifique, seja na igreja, no grupo de jovens, ou até em atividades extracurriculares que você curta.

Use a solidão a seu favor:

Veja esse momento como uma oportunidade para crescer, aprender algo novo sobre você, ou desenvolver um talento que você nem sabia que tinha.

Lembre-se:

Sentir-se solitário de vez em quando é normal, mas você não precisa passar por isso sozinho. Deus está aí, querendo bater um papo, ouvir você e ajudá-lo a encontrar conexões reais e significativas. E a comunidade cristã também. A gente tá junto nessa jornada, compartilhando os altos e baixos, as risadas e as lágrimas. Então, quando a solidão bater, lembre-se de olhar ao redor e para cima. Você é parte de algo maior, e sua história é superimportante.

E aí, pronto para transformar a solidão em um momento de crescimento e conexão? Vamos nessa juntos!

Como você se sente hoje?

____

O que você gostaria de mudar nesse sentido?

____

O que você acha que pode fazer para mudar isso?

____

Capítulo 02

Eva e o Desafio de Brilhar à Sua Maneira

Imagina acordar todo dia em Paris, a cidade que parece ter saído diretamente de um sonho, com suas avenidas que parecem desfiles de moda ao ar livre, monumentos que contam histórias de séculos, e uma vibe que é pura arte e estilo. Nesse cenário, conheça Eva, uma jovem de 17 anos, filha de imigrantes, vivendo no coração pulsante dessa metrópole, onde cada esquina é um novo post no Instagram e cada vitrine mostra um mundo que ela sonha em fazer parte.

Eva começa o dia em seu quarto, um espaço pequeno, mas cheio de personalidade, com pôsteres de moda e fotos dos cantos de Paris que ela ainda quer explorar. Enquanto se arruma, ela não consegue evitar a avalanche de pensamentos sobre as influenciadoras digitais que segue, vivendo vidas que parecem comerciais de perfume: glamourosas, sem esforço, e incrivelmente chiques. "E se eu fosse como elas?", ela se pergunta, dando um último ajuste no cachecol, esperando talvez um dia encontrar a resposta no reflexo do espelho.

Pelas ruas de paralelepípedos, cercada pela arquitetura que é um flashback para outra era, Eva sente a pressão de não ser apenas mais uma na multidão. As lojas de luxo e cafés com mesas na calçada parecem sussurrar sobre todas as maneiras em que ela ainda não é suficiente, cada vitrine mostrando uma versão dela que parece sempre um pouco fora de alcance. Na escola, apesar de ser super dedicada, Eva é frequentemente pega de guarda baixa pelos fantasmas da comparação. Ela vê os colegas, cada um mais estiloso que o outro, compartilhando fotos de férias em lugares que ela só viu no Google, e se pergunta quando vai ser a vez dela de brilhar.

A descoberta de Eva

Mas então, algo muda. Um projeto sobre figuras históricas femininas a leva a um versículo bíblico: "Eis que faço novas todas as coisas" (Apocalipse 21:5). Essas palavras acertam em cheio, como um flash de câmera, iluminando uma nova maneira de ver sua própria história.

Uma visita ao Museu do Louvre traz mais do que a chance de tirar selfies com obras de arte famosas; ela encontra uma artista fazendo retratos dos visitantes. Conversando com ela, Eva percebe que a real beleza, o sucesso, e o que realmente vale a pena não são coisas que você pode postar no Instagram; são as histórias, os sorrisos sinceros e as experiências que nos fazem quem somos.

Inspirada, Eva cria um blog. Não para competir com as influencers, mas para compartilhar a verdadeira Paris: aquela que ela vive e ama, com suas pequenas grandes alegrias, longe da perfeição inatingível das redes sociais. Mergulhando mais fundo em sua fé, Eva começa a dedicar tempo a projetos comunitários e descobre que, quando você olha para fora, para o mundo e as pessoas ao seu redor, a armadilha da comparação perde seu poder. Ela aprende que a verdadeira felicidade vem de apreciar sua própria jornada, imperfeita e única, e que cada um de nós tem uma luz própria para brilhar.

Eva nos ensina que, mesmo na cidade dos sonhos, o que realmente importa é encontrar nossa própria maneira de brilhar, reconhecendo que beleza, valor e propósito vêm de sermos autenticamente nós mesmos, apoiados na fé e na conexão real com as pessoas ao nosso redor. Sua história é um convite para todos nós refletirmos: como podemos parar de nos comparar aos outros e começar a viver a nossa melhor vida, à nossa maneira?

Lembre-se, a história de Eva não é sobre ganhar a batalha da comparação; é sobre descobrir que nem precisamos entrar nessa batalha.

Perguntas para você pensar:

1. Já se pegou comparando sua vida com a de alguém nas redes sociais? Como você se sentiu?
2. De que maneiras você pode cultivar gratidão e apreciação pelas partes únicas da sua própria vida?
3. "Eis que faço novas todas as coisas" – Como esse pensamento pode te motivar a buscar sua autenticidade e abraçar as mudanças na sua vida?

O QUE EU TENHO A VER COM ISSO?

Comparação:
Por Que Ela Pode Ser um Jogo Perdido e Como Virar o Jogo

E aí, beleza? Hoje vamos falar sobre um assunto que, provavelmente, já passou pela sua cabeça algumas (ou muitas) vezes: a comparação. Sabe quando você rola o feed do Instagram, vê aquelas fotos incríveis dos outros e pensa: "Poxa, por que minha vida não é assim?" Ou quando você olha para os seus amigos e sente que todo mundo tá se saindo melhor que você em alguma coisa? É disso que estamos falando.

O que diz a fé cristã sobre isso?

Primeiro de tudo, a Bíblia tem um montão de conselhos sobre esse tema. Um dos pontos principais é que cada um de nós é único e especial à sua maneira. Deus nos criou com diferentes talentos, histórias e caminhos. Comparar sua jornada com a de outra pessoa é como comparar maçãs com laranjas – simplesmente não faz sentido.

Paulo, um cara superimportante no Novo Testamento, fala bastante sobre contentamento e gratidão. Em Filipenses 4:11-13, ele diz algo tipo: "Aprendi a estar contente em qualquer situação." Ele não está dizendo que a vida dele era perfeita, mas que ele aprendeu a encontrar paz e felicidade no que tinha, confiando que Deus lhe daria força em qualquer circunstância.

Por que a comparação é uma cilada?

Rouba sua alegria:

Você já percebeu que, quando começa a se comparar com os outros, de repente, as coisas boas da sua vida parecem não ser tão boas assim? A comparação tem esse poder de tirar a nossa alegria pelas coisas que temos e pelas nossas conquistas.

É uma guerra sem fim:

Vamos ser sinceros, sempre vai ter alguém que parece ser melhor em algo. Entrar nesse ciclo de comparação é como correr numa esteira, você se esgota, mas não sai do lugar.

Desvia o foco do que realmente importa:

Quando você se concentra muito nos outros, pode acabar perdendo de vista os planos que Deus tem para você. Lembre-se, a jornada de cada um é única, incluindo a sua.

Como virar o jogo?

Celebre a sua própria jornada:

Comece agradecendo pelas coisas boas da sua vida. Pode parecer simples, mas fazer uma lista de gratidão pode mudar totalmente sua perspectiva.

Use a comparação como motivação, não como medida:

Viu alguém realizando algo incrível? Que tal se inspirar em vez de se depreciar? Transforme a admiração em motivação para alcançar seus próprios objetivos.

Foque no que Deus diz sobre você:

Você é amado, valorizado e criado com um propósito. Quando essas verdades batem mais forte que qualquer feed de Instagram, você começa a entender que sua vida não precisa ser comparada com a de ninguém.

Procure comunidade, não competição:

Rodeie-se de amigos e familiares que te apoiam, incentivam e celebram com você. Uma comunidade que se apoia cresce junta, sem precisar de comparação.

Uma última palavra

Lembre-se, a comparação pode ser uma armadilha que te prende em um ciclo de insatisfação e frustração. Mas, quando você começa a apreciar a sua própria jornada e confia no que Deus tem para você, a necessidade de se comparar começa a diminuir. A vida não é uma competição; é uma aventura única que estamos todos explorando, passo a passo, com a ajuda de Deus. Vamos celebrar nossa jornada individual e encontrar alegria no caminho que Ele nos preparou, sem precisar olhar para o lado para saber se estamos indo bem ou não.

Como você se sente hoje?

____

O que você gostaria de mudar nesse sentido?

____

O que você acha que pode fazer para mudar isso?

____

Capítulo 03

Caim e Abel: Confrontando a Inveja

Imagine só: dois irmãos, Caim e Abel, morando na tranquilidade dos subúrbios, mas com a pulsação de uma metrópole gigantesca batendo ao fundo. Abel, o caçula, é aquele tipo de cara que todo mundo quer ser amigo, sabe? Aquele que consegue fazer qualquer um sorrir e que parece se dar bem em qualquer situação. Caim, o mais velho, é brilhante, com um cérebro que não para e ideias que poderiam mudar o mundo, mas vive com uma nuvem de dúvida sobre sua cabeça, sempre se perguntando por que parece que ele está sempre um passo atrás.

Caim é o primeiro a acordar, mergulhando nos estudos e projetos com uma sede de ser o melhor, enquanto Abel divide seu tempo entre ajudar os outros e mandar bem nos esportes, ganhando corações por onde passa. O café da manhã em família é um show de encorajamentos dos pais, mas Caim não consegue evitar se sentir na sombra, competindo por um prêmio que parece impossível de alcançar: o destaque incondicional.

Na escola, essa competição silenciosa ganha um palco. Caim arrasa nas notas, mas Abel é o astro da galera, sempre cercado por amigos e admiradores. A cada vitória de Abel, Caim sente o peso da comparação, como se cada aplauso para seu irmão fosse um lembrete do que ele mesmo não conseguiu.

Tudo vem à tona quando, numa feira de ciências, Abel leva o prêmio máximo e Caim, apesar dos elogios, fica de mãos abanando. O sabor da derrota, misturado com a inveja, leva Caim a um ponto de ruptura, questionando por que é tão difícil ficar feliz pelo sucesso do irmão.

Refugiado em seu quarto, Caim encontra um velho livro de família, a Bíblia, um livro cheio de histórias que falam ao coração. Ele lê sobre seus ancestrais homônimos e se vê refletido naquelas páginas. Inspirado por um versículo de Provérbios sobre como a inveja pode corroer por dentro, Caim decide que é hora de mudar.

Ele abre o jogo com seus pais, busca conselhos e, o mais difícil de tudo, tem uma conversa real e honesta com Abel. É um caminho cheio de tropeços, mas cada passo é um passo para fora da sombra da inveja.

Caim aprende que o verdadeiro valor vem de reconhecer suas próprias conquistas e que a jornada de Abel não tira, de forma alguma, a beleza da sua própria. No fim, os dois irmãos encontram um novo começo, uma chance de apreciar um ao outro, não como rivais, mas como companheiros de jornada, cada um com sua própria luz para brilhar.

Reflexões para você:

1. Já se pegou sentindo inveja? Como isso mexeu com você?
2. Como podemos celebrar os sucessos alheios, entendendo que cada um tem seu próprio caminho?
3. De que forma a fé pode ser uma bússola para nos guiar através de sentimentos complicados e nos ajudar a construir relações mais fortes?

A história de Caim e Abel nos mostra que enfrentar a inveja é um desafio e tanto, mas superá-la é um passo gigante na busca por uma vida plena, marcada pelo amor, pela fé e pela capacidade de ver a grandeza em nossa própria jornada.

O QUE EU TENHO A VER COM ISSO?

Inveja: O Que Ela Realmente Significa e Como Jogá-la Fora da Sua Vida

Fala aí! Vamos bater um papo sobre um sentimento que todo mundo já enfrentou em algum momento: a inveja. Sabe quando você vê alguém arrasando, seja nos estudos, nos esportes, ou até no número de likes no Instagram, e, de repente, bate aquela sensação de que você queria estar no lugar da pessoa? Isso é inveja. E, mesmo que seja super comum, vamos descobrir o que a fé cristã tem a dizer sobre ela e como podemos lidar com esse sentimento de uma maneira saudável.

A Verdade Sobre a Inveja

A inveja é como aquela mensagem chata que não para de aparecer no seu celular: você sabe que não deveria se importar tanto, mas de algum jeito, ela consegue te tirar do sério. Na Bíblia, a inveja é mencionada várias vezes, e nunca de um jeito positivo. Em Gálatas 5:26, por exemplo, Paulo fala para não sermos "provocadores, nem invejosos uns dos outros". Isso porque a inveja pode nos levar a fazer escolhas ruins, prejudicar nossos relacionamentos e nos afastar do que realmente importa.

Por Que Sentimos Inveja?

A inveja geralmente vem da nossa tendência de comparar nossas vidas com as dos outros. Com as redes sociais bombando 24/7, fica ainda mais fácil cair nessa armadilha. Mas aqui vai a real: a vida de ninguém é perfeita. Todo mundo tem suas lutas e desafios, mesmo que não postem sobre eles.

Dando a Volta por Cima

Aqui estão algumas dicas para transformar a inveja em algo positivo:

Gratidão:

Comece agradecendo pelas coisas boas da sua vida. Pode parecer clichê, mas focar no que você tem, em vez de no que falta, faz uma diferença enorme.

Celebre os outros:

Quando alguém se dá bem, seja feliz por ele. A alegria dos outros não diminui a sua. Na verdade, compartilhar a felicidade pode até fazer você se sentir melhor.

Use-a como motivação:

Se você está invejando alguém por algo específico, como boas notas ou habilidades em um esporte, veja isso como inspiração para trabalhar duro e melhorar nessas áreas também.

Converse com Deus:

Quando a inveja bater, fale sobre isso com Deus na oração. Ele entende seus sentimentos e pode ajudar a aliviar seu coração.

A Inveja Segundo a Fé Cristã

A fé cristã nos ensina que cada um de nós é único e amado por Deus, exatamente como é. Não precisamos de likes, nem de sermos melhores que os outros para sermos valiosos. Quando realmente acreditamos nisso, a inveja começa a perder seu poder sobre nós.

A verdade é que todos estamos nessa jornada juntos, com nossos altos e baixos. Em vez de deixar a inveja nos dividir, podemos usar nossas experiências para nos conectar uns com os outros, compartilhando empatia, apoio e amor.

Lembrar que Deus nos criou com propósitos únicos pode nos ajudar a focar em viver uma vida melhor, em vez de nos preocuparmos com o que os outros estão fazendo. E aí, quando a inveja tentar entrar na sua vida de novo, você já vai saber o que fazer: transformá-la em algo que te constrói, em vez de algo que te destrói.

Como você se sente hoje?

____

O que você gostaria de mudar nesse sentido?

____

O que você acha que pode fazer para mudar isso?

____

Capítulo 04

Noé: Surfando na Onda da Responsa em Tempos de Crise

Imagine só: Noé, 18 anos, um cara que vive no pulso de uma cidade que tá sempre correndo contra o tempo, enfrentando todo tipo de tempestade (literal e figurativa) que a natureza e a vida moderna jogam contra ele. Crescido numa família de gênios da engenharia e da ciência ambiental, Noé sempre foi o cara que sabia que cada um de nós tem um papelão para cuidar do nosso planeta.

Ele é aquele tipo de pessoa que não fica só no papo: estuda soluções que respeitam o meio ambiente e bota a mão na massa em projetos que fortalecem a comunidade contra as pancadas do clima. No colégio e no bairro, Noé é conhecido como o herói local que tá sempre pronto para um novo desafio, seja liderando projetos de reciclagem ou dando aulas sobre como viver de um jeito mais verde.

Quando uma super tempestade mira na cidade, prometendo um nível de destruição de filme de Hollywood, Noé sente que o momento de agir é agora. Inspirado pela história do seu xará que construiu a arca, ele chama a galera para montar "arcas" modernas: lugares seguros cheios de tudo que a comunidade vai precisar para enfrentar o dilúvio.

Mas aí que tá o drama: muita gente acha que Noé tá viajando, que ele tá exagerando. Amigos e até parte da família duvidam dele, jogando um balde de água fria na sua motivação. Noé se vê no meio de uma batalha épica, não só contra a natureza, mas contra a descrença geral.

O que rola é um verdadeiro teste de fé e vontade de fazer a diferença. Noé tem que se manter firme na missão de abrir os olhos da galera para a gravidade da situação, mostrando o que realmente significa ser líder e se sacrificar pelo bem de todos.

E quando a tempestade finalmente chega, transformando a noite numa cena de ação ao vivo, Noé e seu esquadrão de voluntários são os verdadeiros heróis, garantindo que ninguém fique para trás. Esse é o momento que define tudo: a fé de Noé, sua coragem e sua vibe inspiradora são postas à prova na missão de manter todo mundo seguro.

Essa saga do Noé moderno grita a importância de viver valores cristãos como a compaixão, o altruísmo e a fé, especialmente quando o bicho pega. Lembrando daquele versículo maneiro em Hebreus 11:7 sobre Noé e sua arca, fica aquele toque: a fé em ação é uma força poderosa, capaz de mover montanhas (ou, no caso, enfrentar tempestades).

Para Refletir

Depois da tempestade, com a cidade se reerguendo aos poucos, Noé pira na ideia de que, mesmo com toda resistência e dúvida, sua vibe de liderança e precaução salvou vidas e fortaleceu a galera ao seu redor.

Perguntas para você mandar a real:

1. Como você se posiciona quando o caos tá formado, pensando em ajudar não só a si mesmo, mas a sua comunidade?
2. Sua fé te dá aquele gás extra para enfrentar desafios que parecem gigantes?
3. De que forma você pode ser um Noé da era digital, usando seu talento e energia para fazer a diferença no mundo?

A jornada de Noé nos mostra que, frente a qualquer crise, seja ela uma tempestade braba, uma pandemia ou qualquer rolê tenso, a coragem de dar a cara a tapa, a força da fé e a vibe de cuidar da sua tribo são essenciais para virar o jogo, construindo uma comunidade mais firme e preparada para o que der e vier.

O QUE EU TENHO A VER COM ISSO?

Insegurança versus Coragem: Encarando os Desafios com Fé

Fala sério, quem nunca se sentiu inseguro? Talvez seja naquele momento antes de apresentar um trabalho na frente da turma, tentar algo novo, ou até ao postar uma foto nas redes sociais e esperar pelos likes. A insegurança é tipo aquele convidado não tão bem-vindo na festa da nossa vida. Mas e a coragem? Ah, essa é a amiga que chega dando aquele up, te lembrando que você pode mais do que imagina. Vamos mergulhar no que a fé cristã fala sobre esses dois lados da moeda.

A Insegurança e a Bíblia

A Bíblia tá cheia de histórias de pessoas que, no primeiro olhar, pareciam não ter nada de especial ou que enfrentavam inseguranças pesadas. Pensa em Davi, o cara era só um pastor de ovelhas antes de virar rei e enfrentar um gigante. Ou Moisés, que tinha zero confiança na sua capacidade de falar e acabou liderando uma nação inteira para a liberdade. O ponto em comum? Eles não deixaram a insegurança definir o final da história.

E a Coragem?

Coragem não significa que você não tem medo. Significa que você não deixa o medo ser o chefão. Na fé cristã, a coragem vem muito da confiança em Deus e na certeza de que Ele tá junto com a gente, mesmo quando a situação parece tipo: “E agora, quem poderá me defender?”.

Lembra de Josué? O cara recebeu a missão de liderar um povo inteiro para uma terra nova, e Deus disse para ele: “Seja forte e corajoso! Não se apavore nem desanime, pois o Senhor, o seu Deus, estará com você por onde você andar” (Josué 1:9). Basicamente, é Deus dizendo: “Eu tô contigo, relaxa e bora lá”.

Dando um Chega Pra Lá na Insegurança

1. **Conheça suas qualidades:** Faça uma lista do que você arrasa fazendo ou das qualidades que as pessoas admiram em você. Todo mundo tem algo especial.

2. **Fé como escudo:** Use sua fé como um lembrete de que você não tá sozinho. Deus acredita em você, mesmo quando você duvida de si mesmo.

3. **Comece pequeno:** Coragem não significa resolver tudo de uma vez. Às vezes, é só dar o primeiro passo, mesmo que pequeno.

E a Coragem na Prática?

1. **Desafie-se:** Tente algo novo que você sempre quis fazer, mas estava com medo. Pode ser aprender um instrumento, praticar um esporte, ou falar em público.

2. **Voluntarie-se:** Ajudar os outros pode te dar uma perspectiva nova e aumentar sua confiança.

3. **Compartilhe suas inseguranças:** Conversar com amigos, família, ou alguém da igreja pode ajudá-lo a ver que você não tá sozinho nessa.

Insegurança e coragem são como dois lados de uma mesma moeda na vida de qualquer um, inclusive na sua. Lembre que, na fé cristã, a coragem vem de saber que Deus tá do seu lado, dando força. Então, quando a insegurança bater à porta, lembre-se de que você tem um aliado poderoso, e a coragem já tá aí dentro de você, só esperando para ser chamada para a jogada. Vai na fé, que o resto se ajeita!

Capítulo 05

Abraão: Escolhas com Fé

Pensa numa metrópole vibrante, onde cada esquina é um encontro entre o novo e o antigo, pulsando numa velocidade que às vezes parece querer deixar a gente pra trás. É nesse cenário de luzes e sombras que encontramos Abraão, um jovem universitário que tá mais pra herói de uma história épica sobre escolhas, identidade e fé. Ele vem de uma família com raízes cristãs tão profundas que suas histórias parecem entrelaçadas com as páginas da Bíblia, dando a ele um legado de fé tão sólido quanto as antigas catedrais.

Cada amanhecer para Abraão começa com um encontro silencioso com as Escrituras, buscando ali não apenas conhecimento, mas um farol para navegar pelo dia. Seu pequeno apartamento é um verdadeiro tesouro de livros que cobrem desde teologia até os mistérios da ciência, mostrando a sede de Abraão por entender não só o espiritual, mas como ele se entrelaça com o palpável, especialmente na sua jornada para se tornar médico.

Mas aí que a trama se complica: Abraão se vê no meio de um projeto de pesquisa que é tipo um duplo fio da espada. Por um lado, promete revolucionar a medicina; por outro, mergulha em águas éticas bem turvas. O dilema? Balançar na corda bamba entre o avanço científico e os ensinamentos de sua fé, que dá propósito a vida acima de tudo.

Quando as vozes ao seu redor começam a ficar mais altas (desde o seu mentor, que vê nele um futuro Nobel, até sua família, ecoando preocupações que pesam toneladas) Abraão se volta para sua comunidade de fé em busca de orientação. Entre estudos bíblicos e longas conversas com líderes espirituais, ele se debruça sobre o grande palco de sua consciência, questionando como sua fé deve guiar seus passos na dança da vida moderna.

O ponto de virada chega num encontro inesperado no hospital, com um paciente cuja fé parece desafiar as próprias tempestades da vida. A história de Abraão, o patriarca que partiu sem mapa, mas com fé como bússola, ressoa com nosso Abraão moderno, inspirando-o a tomar uma decisão que redefine seu caminho: ele escolhe colocar sua vocação e seus talentos a serviço da humanidade de um jeito que dança no ritmo de seus valores mais profundos.

Abraão então embarca numa jornada de descoberta, onde saúde e espiritualidade se encontram em missões e projetos comunitários, provando que fé e profissão podem sim compartilhar o mesmo palco.

Para Refletir

No rescaldo de suas escolhas, Abraão contempla o horizonte, entendendo que ser fiel a si mesmo e aos seus princípios pode ser a maior aventura de todas. Sua saga nos deixa com perguntas ecoando nas profundezas de nossas próprias histórias:

1. Como você navega pelas águas turbulentas das decisões difíceis, mantendo sua fé e valores como o seu norte?
2. De que forma a sua crença molda o caminho profissional que você deseja seguir?
3. Quando a dúvida te visitar, como você busca a luz para clarear os caminhos a seguir?

A história de Abraão, ambientada no ritmo acelerado de nosso tempo, nos ensina que, mesmo nas encruzilhadas mais complexas da vida, a fé tem o poder de nos guiar por caminhos que ressoam verdadeiramente com o que somos e aspiramos ser.

O QUE EU TENHO A VER COM ISSO?

Escolhas e Oportunidades versus Fé: Navegando pela Vida com um GPS Espiritual

Você já parou para pensar na quantidade de escolhas que fazemos todo dia? Desde o alarme que te acorda até aquele último scroll no celular antes de dormir, a vida parece um jogo de escolhas infinitas. E aí, tem as oportunidades, aquelas portas que aparecem do nada, prometendo mundos e fundos. Mas onde entra a fé nessa história toda? Vamos dar uma olhada.

A Batalha Interna: Escolhas e Oportunidades

Imagina que cada escolha é como um caminho num mapa. Algumas estradas são bem pavimentadas, com placas claras apontando a direção. Outras são mais tipo trilhas escondidas, sem muita sinalização. As oportunidades, por outro lado, são como atalhos ou novas rotas que surgem. Elas podem te levar para um caminho totalmente diferente, às vezes para melhor, outras... bem, nem tanto.

Agora, pensar em fazer essas escolhas e avaliar essas oportunidades sem um "GPS" pode ser meio assustador, certo? É aí que entra a fé.

Fé: O GPS Espiritual

Na fé cristã, a fé é esse GPS interno, guiado pelo maior conhecedor de caminhos de todos: Deus. Seguir a fé não significa que você vai ter todas as respostas ou que nunca vai pegar a estrada errada. Mas significa que você tem uma bússola que te ajuda a se realinhar e encontrar o caminho de volta quando você se perde.

Pense em personagens bíblicos como Moisés ou Ester. Eles enfrentaram escolhas gigantes e oportunidades que mudaram suas vidas (e as vidas de muitos outros). Eles tiveram medo? Com certeza. Eles tinham todas as respostas? Nem de longe. Mas eles tinham fé. E essa fé os guiou através de decisões difíceis e situações desafiadoras.

Mas e as Dúvidas?

Ter fé não significa que você nunca vai duvidar. Até os caras mais firmes na fé tinham seus momentos de "E agora?". O que a fé oferece é uma linha direta para pedir ajuda. É como ter o número do criador do mapa e poder ligar pra Ele quando você não sabe qual caminho pegar.

Fé em Ação

Então, como a fé pode te ajudar a navegar pelas escolhas e oportunidades da vida?

1. **Oração:** Antes de tomar uma decisão ou saltar numa oportunidade, converse com Deus. A oração é esse papo aberto, onde você pode jogar limpo sobre suas esperanças e medos.

2. **Busque conselhos:** Falar com alguém que você admira e confia, especialmente alguém que também segue a fé cristã, pode te dar insights valiosos.

3. **Conheça a Palavra:** A Bíblia tá cheia de histórias de pessoas que enfrentaram escolhas difíceis. Ver como elas lidaram com isso pode te dar uma luz.

4. **Preste atenção nos sinais:** Às vezes, Deus nos manda sinais ou coloca um sentimento no nosso coração sobre qual caminho seguir. Fique ligado.

No Fim das Contas...

Escolhas e oportunidades vão sempre estar aí, bombardeando você de todos os lados. E tá tudo bem se sentir meio perdido de vez em quando. O lance é lembrar que você tem esse GPS espiritual chamado fé, pronto pra te ajudar a navegar por tudo isso. Não é sobre evitar todos os erros, mas sobre saber que você tem com quem contar para encontrar o caminho certo, mesmo depois dos desvios. E aí, pronto para confiar no seu GPS e ver para onde ele pode te levar?

Capítulo 06

Sara: Desenhando Sonhos na Cidade das Possibilidades

Imagina uma cidade onde o passado encontra o futuro em cada esquina, pulsando com histórias antigas e inovações que moldam o amanhã. Nesse cenário vibrante, conhecemos Sara, uma arquiteta visionária, cuja jornada reflete o desafio de tecer sonhos profissionais com anseios do coração, ecoando a saga de sua xará bíblica, Sara, que aguardou com esperança as promessas de um futuro abençoado.

Cada dia de Sara é um novo capítulo em sua busca por marcar o mundo com sua arte. Envolvida em projetos que desafiam sua mente criativa, ela navega pela arquitetura com paixão e precisão. No entanto, no silêncio de seu ateliê, entre esboços e maquetes, ela se pergunta se sua marca vai além das construções que ergue, ansiando por um legado que também abrace desejos mais íntimos, como família e impacto social.

Essa busca ganha um novo contorno quando surge a chance de liderar um projeto pioneiro, voltado para a sustentabilidade em uma comunidade esquecida. Esse desafio coloca Sara diante de uma encruzilhada: mergulhar de cabeça nessa oportunidade pode significar adiar outros sonhos que dançam em seu coração.

Em busca de respostas, Sara se refugia na tranquilidade da natureza, longe da cacofonia urbana. Nesse santuário verde, ela encontra um espaço para reflexão, ecoando a paciência de Sara bíblica, que soube esperar com fé pela concretização de promessas divinas.

Nesse retiro, as palavras de Tiago 1:4 se revelam a ela como um farol: "Que a paciência complete sua obra, para que vocês sejam maduros e íntegros, sem lhes faltar nada." Com essa revelação, Sara compreende que o verdadeiro equilíbrio não é uma escolha entre vida profissional e pessoal, mas uma sinfonia onde cada desejo encontra sua nota no tempo certo.

De volta ao pulsar da metrópole, Sara aceita o desafio do projeto, vendo nele não apenas um avanço em sua carreira, mas uma ponte para seus sonhos de tocar vidas e tecer um futuro onde profissão e paixão caminham juntas. Ela começa a esboçar como seus sonhos pessoais podem harmonizar com sua trajetória profissional, abraçando a paciência e a fé como guias.

Momentos para Reflexão:

1. Como você dança entre suas aspirações de carreira e os ritmos do seu coração?
2. Em que momentos a fé e a paciência iluminaram seu caminho para a realização de sonhos?
3. O que significa para você ser completo, não faltando em nada?

A história de Sara na cidade das possibilidades nos inspira a ver que, entre as linhas da vida profissional e os desenhos dos sonhos pessoais, existe um espaço para criar uma obra-prima de realização. Ela nos lembra que, com fé, paciência e a coragem de seguir nossas paixões, podemos construir um futuro que ressoe com o mais profundo de nossos valores e aspirações.

O QUE EU TENHO A VER COM ISSO?

Encontrar o Próprio Caminho versus Expectativas Externas: Uma Jornada de Fé

Imagine que a vida é uma trilha cheia de bifurcações, subidas, descidas e um monte de placas apontando para direções diferentes. Algumas dessas placas são colocadas pelas pessoas ao nosso redor: família, amigos, professores, e até pela sociedade como um todo. Eles têm expectativas sobre qual caminho a gente deve seguir, que carreira escolher, como agir e até em que acreditar. Mas e quando essas expectativas externas não batem com o que a gente sente no coração? Como encontrar o próprio caminho nessa floresta de opiniões?

A Bússola Interior: Fé e Identidade

No meio de todas essas vozes e sinalizações externas, ter uma bússola interna é essencial. Para a fé cristã, essa bússola é a relação pessoal com Deus e o entendimento de quem somos em Cristo. A Bíblia fala bastante sobre ser criado à imagem de Deus (Gênesis 1:27) e sobre como cada um de nós tem um propósito único (Jeremias 29:11). Isso significa que, antes mesmo de nascermos, Deus já tinha um plano para nossas vidas, um caminho que Ele nos convidou a seguir.

O Desafio das Expectativas Externas

Viver de acordo com as expectativas dos outros pode ser exaustivo, especialmente quando elas não ecoam com o que acreditamos ou desejamos para nós mesmos. Isso pode acontecer em várias áreas da vida, desde escolher uma profissão até decidir com quem sair ou que hobbies seguir. Às vezes, as pessoas projetam suas próprias aspirações não realizadas em nós ou tentam nos proteger de falhas e desapontamentos, guiando-nos por caminhos que consideram seguros ou prestigiados.

1. **Oração e Meditação:** Conversar com Deus e meditar sobre Sua Palavra pode dar clareza e direção. É como abrir espaço para que a voz de Deus fale mais alto que o barulho das expectativas alheias.

2. **Conhecimento Pessoal:** Entender seus próprios talentos, paixões e o que te faz sentir vivo é crucial. Deus nos dotou de dons e interesses únicos que podem nos guiar na descoberta do nosso caminho.

3. **Conselho Sábio:** Buscar orientação em pessoas de confiança, que respeitam sua fé e valores, pode ser muito valioso. Escolha alguém que ouça, entenda e aconselhe, mas que também respeite sua liberdade de escolha.

4. **Coragem para Ser Autêntico:** Às vezes, seguir o caminho que sentimos ser o nosso requer coragem para nadar contra a corrente. Lembre-se de que Jesus também enfrentou incompreensão e rejeição por ser fiel à Sua missão.

Reflexão

Encontrar e seguir o próprio caminho em meio às expectativas externas é uma jornada de autoconhecimento, fé e coragem. É entender que, embora valorizemos os relacionamentos e as opiniões dos que estão ao nosso redor, nossa vida é um dom de Deus, e é com Ele que devemos buscar nossa direção e propósito.
Lembrar que você não está sozinho nessa caminhada pode ser reconfortante e empoderador. Deus promete estar conosco, guiando nossos passos, mesmo quando parecem incertos para nós ou para os outros. Encontrar seu próprio caminho não significa ignorar os conselhos sábios ou desprezar as expectativas alheias, mas sim filtrá-los através da sua fé, valores e da relação pessoal com Deus.
Portanto, jovem aventureiro, nessa jornada da vida, equipe-se com fé, amor próprio e coragem. O caminho à frente é seu para descobrir e trilhar, guiado pela luz da Palavra e pelo amor do Criador, que sonha os maiores sonhos para você.

Capítulo 07

Isaque: Navegando pelas Ondas do Favoritismo com Graça e Coragem

Em uma vibrante cidade costeira, onde o sussurro do antigo se entrelaça com o ritmo do novo, vive Isaque, um jovem que parece dançar numa corda bamba entre as expectativas familiares e a busca por sua própria voz. No palco da vida, ele é o filho do meio, uma posição que vem com seu próprio script de desafios, especialmente sob a sombra do favoritismo que paira em sua casa, um tema tão antigo quanto as histórias contadas nas páginas da Bíblia.

Dividido entre os livros de engenharia na universidade e as responsabilidades no negócio familiar, Isaque é mestre em equações complexas, mas ainda busca resolver a fórmula para conquistar seu espaço sob o sol de sua família. Com um irmão que brilha forte e uma irmã que captura todos os olhares, Isaque se vê numa busca constante por um holofote que ilumine suas próprias conquistas.

Essa busca o leva a um mar de reflexões internas, onde as ondas das comparações parecem querer engoli-lo. Seu projeto acadêmico, uma ponte para o futuro que ele sonha construir, parece perder cor diante dos sucessos de seu irmão, intensificando o sentimento de estar jogando um jogo onde as regras não estão claras.

No entanto, Isaque encontra um farol na tempestade: a escrita. Ao registrar seus pensamentos e emoções, ele desenha um mapa de sua jornada interior, refletindo sobre o legado de seu nome bíblico e buscando significados e respostas em sua fé. É na solidão de suas páginas que ele descobre a passagem de Efésios 6:2-3, um norte que o inspira a buscar uma nova rota para a comunicação e o entendimento em sua família.

Armado com palavras e uma vontade de mudar o roteiro, Isaque organiza um encontro familiar, transformando uma mesa de jantar num campo de diálogo, onde vulnerabilidades e verdades são compartilhadas como pratos principais. Nesse espaço sagrado de conversa, a família de Isaque começa a tecer os fios de um novo tecido relacional, marcado pela escuta, pelo reconhecimento mútuo e pelo respeito às singularidades de cada um.

Reflexões para Navegar:

1. Como você pode levantar âncora dos sentimentos de ser menosprezado e navegar em direção a águas de entendimento e reconhecimento?

2. De que maneira a honestidade e a vulnerabilidade podem ser seus aliados na jornada para harmonizar as relações familiares?

3. Como os ensinamentos da fé podem ser o vento que guia seu barco através dos desafios emocionais e relacionais?

Isaque nos ensina que, mesmo quando as correntes do favoritismo tentam nos arrastar para baixo, temos a capacidade de construir nosso próprio barco, equipado com a coragem de expressar nossas verdades e a fé como nossa bússola. Ele nos mostra que é possível encontrar equilíbrio e harmonia, não evitando as ondas, mas aprendendo a navegar através delas com graça, compreensão e um coração aberto.

O QUE EU TENHO A VER COM ISSO?

Favoritismo Familiar versus Comparações: Encontrando Seu Valor na Fé

Imagina estar numa corrida onde, não importa o quanto você acelere, sempre parece que você começou com desvantagem. Esse é o sentimento que pode rolar quando a gente encara o favoritismo dentro da família ou as comparações constantes com irmãos, primos ou até amigos próximos. Agora, vamos mergulhar nesse assunto sob uma luz diferente, a partir do ponto de vista cristão, e descobrir como lidar com isso sem perder o próprio valor de vista.

O Desafio do Favoritismo e das Comparações

Favoritismo e comparações são como lentes que distorcem como vemos a nós mesmos e aos outros. Quando um parente recebe mais atenção, elogios ou recursos, é fácil se sentir menos valioso ou amado. Isso pode ser super frustrante, especialmente na adolescência, onde já estamos numa jornada intensa de descobrir quem somos.

O Que a Fé Cristã Tem a Dizer?

1. **Cada um Tem Seu Valor Único:** A Bíblia nos lembra que somos todos criados à imagem de Deus (Gênesis 1:27) e que Ele nos conhece intimamente, até os fios de cabelo da nossa cabeça (Mateus 10:30). Isso significa que, aos olhos de Deus, cada um de nós tem um valor inestimável, independentemente das comparações ou do favoritismo.

2. **A História de José:** José foi super maltratado por seus irmãos por causa do favoritismo de seu pai. Apesar disso, ele não perdeu a fé e, no fim, viu o propósito de Deus na sua jornada (Gênesis 37-50). Sua história nos mostra que, mesmo nas situações mais injustas, podemos confiar que Deus tem um plano maior para nós.

3. **O Amor Incondicional de Deus:** Diferente das preferências humanas, o amor de Deus por nós é incondicional e constante. Romanos 8:38-39 fala que nada pode nos separar desse amor. Isso é um lembrete poderoso quando nos sentimos menosprezados ou comparados.

Como Navegar por Essas Águas?

1. **Converse com Deus:** Se você está se sentindo afetado pelo favoritismo ou comparações, fale sobre isso em oração. Deus está sempre pronto para ouvir.

2. **Reconheça Seu Valor:** Lembre-se de que seu valor não vem de comparações ou do favoritismo de alguém, mas de quem você é como filho de Deus.

3. **Busque Apoio:** Compartilhe seus sentimentos com amigos de confiança, um líder jovem ou alguém da sua comunidade de fé. Às vezes, só de falar sobre o assunto, a gente já começa a se sentir melhor.

4. **Celebre Suas Conquistas:** Foco no seu progresso e nas suas conquistas, não importa quão pequenas elas pareçam. Cada passo seu é importante.

5. **Pratique a Empatia:** Tente ver a situação pela perspectiva dos outros também. Muitas vezes, as pessoas não percebem o impacto de suas ações.

Reflexão Final

Lidar com o favoritismo e as comparações é complicado, mas lembre-se de que sua jornada é única e incrivelmente valiosa. Apoiando-se na sua fé, buscando conexões verdadeiras e reconhecendo seu próprio valor aos olhos de Deus, você pode navegar por esses desafios com confiança, sabendo que você é amado e importante, exatamente como você é. Não deixe as comparações roubarem sua alegria; em vez disso, brilhe à sua maneira, contribuindo com sua parte única para a tapeçaria da vida.

Capítulo 08

Rebeca: Entre a Justiça e a Lealdade

Em uma cidade que pulsa com o ritmo acelerado da vida universitária, cheia de jovens sonhadores e debates fervorosos, encontramos Rebeca. Uma estudante brilhante de direito, ela se destaca não só pela sua mente afiada, mas também por um coração fiel aos que ama. Inspirada pela histórica Rebeca bíblica, conhecida por suas decisões audaciosas para moldar o futuro de sua família, nossa Rebeca moderna enfrenta dilemas que testam sua moral e afetam profundamente seus laços afetivos.

Rebeca vive dividida entre o mundo dos livros e o calor da sua comunidade, sempre pronta a defender a justiça, mesmo que para isso tenha que entrar em zonas cinzentas que flertam com a manipulação. Seu compromisso com a retidão é inegável, porém, a linha entre defender seus ideais e manipular situações para proteger os seus começa a se borrar.

O drama se intensifica quando um dos seus colegas mais próximos enfrenta uma acusação injusta na universidade, ameaçando não só a honra, mas o futuro dele. Rebeca, movida por um impulso quase instintivo de proteção, percebe-se tecendo uma rede de influências e estratégias para desviar essa injustiça.

Porém, à medida que se aprofunda nesse jogo de sombras, Rebeca começa a confrontar a si mesma, questionando se os fins justificam os meios. Ela percebe que suas ações, embora bem-intencionadas, podem estar desviando-a dos valores que jurou defender.

Nesse turbilhão de emoções e reflexões, Rebeca busca clareza na quietude da capela universitária, onde um versículo salta à sua frente: Provérbios 21:2, um lembrete de que, enquanto podemos justificar nossas ações aos nossos próprios olhos, é Deus quem conhece verdadeiramente nossos corações. Esse momento de epifania a faz perceber a delicada dança entre defender quem ama e manter-se fiel aos princípios da ética e da justiça.

Decidida a mudar de curso, Rebeca opta pela transparência e pela verdade, comprometendo-se a enfrentar a situação de forma íntegra, mesmo que isso signifique abraçar um caminho mais difícil. Ela reconhece que manipular as circunstâncias, mesmo por razões nobres, pode trazer consequências negativas não só para si mesma, mas também para os envolvidos.

Perguntas para Navegar:

1. Como você pode proteger aqueles que ama sem cruzar a linha da justiça?

2. Em que momentos sua fé se torna a bússola para decisões difíceis?

3. Como suas escolhas ressoam nas vidas ao seu redor e moldam o seu caráter?

A jornada de Rebeca nos convida a refletir sobre a complexidade de nossas escolhas e a lembrar que, mesmo com as melhores intenções, devemos buscar a verdade e a justiça acima de tudo. Sua história é um lembrete de que a integridade e a fé são faróis que podem nos guiar através dos dilemas morais mais desafiadores, iluminando o caminho para ações que honrem não apenas a nós mesmos, mas a todos ao nosso redor.

O QUE EU TENHO A VER COM ISSO?

Integridade versus Manipulação: Navegando com Honra pela Vida

Imagine que você está jogando um game. De um lado, tem a opção de jogar limpo, seguindo as regras, o que pode ser mais difícil e demorado. Do outro, a chance de usar alguns truques para ganhar mais rápido, mas com o risco de ser pego e perder tudo. Na vida real, enfrentamos dilemas parecidos: seguir o caminho da integridade, mesmo que seja mais árduo, ou cair na tentação de manipular situações para obter o que queremos de forma mais fácil.

Integridade: O Que é Isso, Afinal?

Integridade é como você joga o jogo da vida quando ninguém está olhando. É fazer a coisa certa, mesmo que ninguém vá saber, mesmo que seja mais difícil ou te coloque em desvantagem momentânea. Na fé cristã, integridade é um valor fundamental. É viver de forma que reflita os ensinamentos de Jesus, mesmo que o mundo à sua volta jogue de outra maneira.

Manipulação: O Atalho Perigoso

Manipulação é como usar os truques no jogo da vida. Pode parecer o caminho mais fácil para chegar onde você quer, mas tem um preço. Manipular situações ou pessoas pode até te dar uma vantagem temporária, mas compromete algo muito mais valioso: seu caráter e sua relação com Deus. A Bíblia nos adverte sobre a importância de sermos verdadeiros e justos em nossas ações.

Por Que Escolher a Integridade?

1. **Respeito Próprio:** Viver com integridade significa que você pode se olhar no espelho e se sentir orgulhoso de quem está olhando de volta. Não há vitória que valha a pena se, para alcançá-la, você tem que perder o respeito por si mesmo.

2. **Confiança dos Outros:** Quando as pessoas veem que você é alguém de palavra, que vive segundo princípios sólidos, elas confiam em você. Essa confiança é mais valiosa do que qualquer ganho momentâneo que a manipulação possa oferecer.

3. **Relação com Deus:** Deus valoriza a honestidade e a integridade. Quando escolhemos viver de forma íntegra, estamos honrando a Ele e seguindo o exemplo de Jesus. "Quem anda em integridade anda seguro" (Provérbios 10:9).

Como Praticar a Integridade?

1. **Faça Escolhas Conscientes:** Antes de tomar uma decisão, pense se ela reflete seus valores. Se tiver dúvida, é sinal de que talvez não seja o caminho certo.

2. **Peça Força a Deus:** Às vezes, ser íntegro é difícil. Nessas horas, pedir força e orientação a Deus pode lhe dar o suporte que você precisa para fazer a escolha certa.

3. **Seja Verdadeiro:** Seja honesto em suas palavras e ações. Evite meios-termos ou desculpas para não fazer a coisa certa.

E Se Eu Errar?

Todos nós cometemos erros. Se você se desviar do caminho, o importante é reconhecer, pedir perdão e aprender com a experiência. Deus é misericordioso e sempre pronto a nos receber de volta quando nos desviamos.

Reflexão Final

Integridade versus manipulação não é apenas uma escolha entre o certo e o errado. É uma decisão sobre o tipo de pessoa que você quer ser e o tipo de vida que você quer viver. Escolher a integridade pode não ser o caminho mais fácil, mas é o caminho que leva a uma vida de verdadeiro sucesso, paz interior e uma relação profunda com Deus. Lembre-se, na corrida da vida, a verdadeira vitória está em manter a integridade, não importa os desafios que apareçam.

Capítulo o9

Esaú: Encontrando Brilho nas Sombras da Derrota

Em uma metrópole vibrante, um caldeirão de sonhos onde cada segundo conta, Esaú, um jovem visionário com o coração pulsando por inovação, enfrenta o turbilhão de ser um empreendedor. Inspirado na figura bíblica de Esaú, que enfrentou a dor de perder o que lhe era precioso, nosso protagonista moderno navega pelo mar revolto de desafios, segurando firme o leme de suas convicções, mesmo quando as ondas da adversidade tentam derrubá-lo.

Esaú é o cérebro por trás de uma startup revolucionária na área de tecnologia verde, um sonho alimentado por sua paixão pelo planeta e pela engenharia. Suas manhãs começam com o sol ainda sonolento no horizonte, e seus dias são uma maratona entre convencer investidores, inspirar sua equipe e aprimorar ideias que poderiam mudar o mundo.

A tempestade chega quando um projeto, seu "bebê" de anos de dedicação, é jogado de lado por uma empresa concorrente, que cruza a linha de chegada da inovação primeiro. Esse golpe, mais do que um revés financeiro, abala os alicerces de sua autoconfiança, sussurrando dúvidas sobre sua capacidade de trazer mudanças reais.

No entanto, Esaú encontra refúgio e clareza na corrida, um retorno às raízes de sua paixão, onde o ritmo de seus passos ecoa as batidas de seu coração determinado. É na pista, com o vento cortando o rosto e a solidão por companhia, que ele mergulha na história de seu nome, compreendendo que a verdadeira força surge não na ausência de falhas, mas na coragem de continuar.

Uma conversa transformadora com um amigo, ali na trilha, traz à luz o poder de Romanos 5:3-4, um lembrete de que as tribulações forjam a perseverança, a experiência e, por fim, a esperança. Essas palavras, como um farol na noite, reacendem em Esaú a chama de ver cada obstáculo não como um ponto final, mas como um degrau na escalada para o sucesso.
Com o amanhecer dessa nova perspectiva, Esaú decide que é hora de renovar sua estratégia, buscando construir não apenas um legado de sucesso momentâneo, mas uma história de impacto duradouro. Ele compreende que as verdadeiras oportunidades florescem no solo regado pela perseverança, pela fé e pela humildade de aprender com cada queda.

Reflexões para a Jornada:

1. Como você reage ao enfrentar obstáculos ou ao ver suas metas escaparem por entre os dedos?
2. De que maneira a fé e a determinação podem se tornar suas aliadas na transformação de falhas em alicerces para o futuro?
3. Como você pode fortalecer sua resiliência diante dos vendavais da vida?

A saga de Esaú nos ensina que, mesmo nas sombras do fracasso, podemos descobrir caminhos iluminados para o crescimento e a realização. Sua história é um convite para abraçarmos nossas batalhas com coragem, transformando cada revés em uma escada para alcançar as estrelas dos nossos sonhos mais ousados.

O QUE EU TENHO A VER COM ISSO?

Resiliência e Determinação: A Força para Seguir em Frente

Num mundo que parece testar nossos limites a cada curva, resiliência e determinação são como superpoderes que nos ajudam a não só enfrentar as adversidades, mas a crescer com elas. Imagine-se como um herói numa jornada épica. Cada desafio, cada obstáculo, é parte da sua história de superação. E na fé cristã, essa jornada não é apenas sobre a força de vontade individual, mas sobre confiar numa força maior que nos guia e nos sustenta.

Resiliência: O Poder de Voltar Mais Forte

Resiliência é a habilidade de enfrentar dificuldades, se adaptar, superar e sair disso tudo mais forte. Pense em Jó, por exemplo. Ele perdeu tudo o que tinha, enfrentou uma dor inimaginável, mas nunca perdeu sua fé. E, no final, foi restaurado em dobro. A história de Jó nos mostra que, mesmo nas piores situações, não estamos sozinhos. Deus está conosco, nos dando força para superar e reconstruir.

Determinação: A Chama que Não se Apaga

Determinação é aquela chama interna que nos impulsiona a seguir em frente, mesmo quando tudo parece dizer para parar. É o apóstolo Paulo correndo a "corrida que está proposta diante de nós", mantendo os olhos fixos no prêmio (Hebreus 12:1-2). Paulo enfrentou prisões, açoites, naufrágios, mas sua determinação em espalhar o Evangelho nunca vacilou. Sua jornada é um lembrete poderoso de que, com fé, podemos enfrentar qualquer coisa e alcançar nossos objetivos, não importa quão distantes eles pareçam.

Como Desenvolver Resiliência e Determinação?

1. **Alimente Sua Fé:** A fé é o combustível para a resiliência e a determinação. Ler a Bíblia, orar e participar da comunidade cristã podem fortalecer sua fé e renovar suas energias.

2. **Aprenda com as Adversidades:** Em vez de ver os desafios como obstáculos intransponíveis, veja-os como oportunidades de aprender e crescer. Cada dificuldade é uma lição disfarçada.

3. **Mantenha o Foco:** Lembre-se do que é realmente importante para você e por que está lutando. Manter seus objetivos em vista pode ajudar a manter sua determinação firme.

4. **Busque Apoio:** Não tenha medo de buscar ajuda e conselho. Assim como Paulo tinha Silas, ter alguém para compartilhar os fardos pode fazer toda a diferença.

5. **Celebre Cada Vitória:** Cada passo em direção ao seu objetivo é uma vitória. Celebrar esses momentos pode ajudar a manter sua chama de determinação acesa.

Reflexão

A jornada da vida é cheia de altos e baixos. Mas lembre-se: resiliência e determinação não são sobre nunca cair, mas sobre sempre se levantar. Com fé em Deus e confiança em sua própria capacidade de superar, você tem tudo o que precisa para seguir em frente, transformando cada desafio em um degrau para alcançar novas alturas.

E quando a jornada ficar difícil, lembre-se de que a fé cristã oferece uma promessa poderosa: você tem um Deus que te ama, que está contigo em cada passo do caminho, e que te dá força para superar qualquer coisa. Portanto, siga em frente com resiliência e determinação, sabendo que a vitória final já é sua.

Capítulo 10

Jacó: Navegando Pela Verdade e Redenção

Imagina um mundo onde tudo acontece num clique e a pressão pra ser o melhor é tipo, gigantesca. Aqui tá o Jacó, um cara super jovem que tá começando a arrasar numa mega empresa de tech que todo mundo quer estar. Ele se inspira no Jacó da Bíblia, sabe? Aquele que deu umas escorregadas sérias antes de achar o caminho certo. Nosso Jacó do século XXI tá tentando lidar com as roubadas que ele mesmo se colocou por querer subir na vida a qualquer custo.

Com um cérebro que não para e um charme que convence, Jacó foi subindo de nível na firma, impulsionado por uma ambição do tamanho do mundo e umas manobras meio duvidosas. Ele meio que driblou as regras e passou a perna em alguns colegas pra garantir seu lugar ao sol, achando que isso era o que precisava pra vencer.

Mas aí, o sucesso veio acompanhado de uma culpa que começou a pesar. Jacó sacou que suas escolhas tinham um preço, afetando como as pessoas o viam e como ele se via no espelho. O clima no trampo ficou tenso, mexendo com tudo, desde a produtividade dele até o seu bem-estar mental.

O jogo virou quando um projeto megaimportante foi por água abaixo porque ninguém confiava mais no time – uma confiança que desmoronou, em parte, por causa das jogadas do Jacó. Essa barra pesada o fez parar pra pensar e se ligar que precisava mudar.

Num momento de "quem sou eu?", Jacó se debruça sobre a história do Jacó lá da Bíblia, aquele que teve uma treta com um anjo e pediu uma bênção. Essa parada toda de buscar fazer as pazes com quem ele era e querer mudar foi o que deu um gás pro nosso Jacó decidir se redimir. Ele meio que se viu nessa história antiga e pensou: "Chega de mentira, bora ser alguém novo".

Decidido a limpar seu nome, Jacó se abre com a galera do trabalho e com os chefes, pronto pra encarar as consequências e consertar o que fez de errado. Não foi moleza, teve seu preço, mas também foi a chance dele reconstruir a confiança e começar um novo capítulo da vida dele com mais verdade e coração.

Reflexões da hora:

1. Como você pode dar a volta por cima depois de aprontar uma?
2. Será que pedir desculpa e buscar ser aceito pode mudar não só sua vida, mas também a vibe ao seu redor?
3. Qual é a vibe da fé e dos valores corretos pra superar as mancadas e construir um futuro irado?

A saga do Jacó nos mostra que ser honesto, correr atrás do perdão e se ligar nos erros é essencial. Ensina que, mesmo quando a gente vacila, sempre tem um jeito de buscar a redenção e viver de um jeito que nos faz bem e ajuda a galera ao nosso redor.

O QUE EU TENHO A VER COM ISSO?

Honestidade versus Trapaça: O Caminho Para a Redenção

Imagine estar numa encruzilhada onde um caminho é pavimentado com honestidade, mas parece cheio de obstáculos e o outro, mais liso, é marcado pela trapaça, prometendo atalhos para o sucesso. Essa escolha não é só um dilema para um game; é um confronto real que todos enfrentamos na vida, especialmente durante a adolescência, quando estamos moldando quem somos e quem queremos ser.

Dilema entre Honestidade e Trapaça

Na era digital, com suas redes sociais e constante pressão por aprovação, o impulso para escolher a trapaça pode parecer mais forte do que nunca. Quem nunca se sentiu tentado a copiar em uma prova, exagerar um pouco no currículo, ou até mesmo “embelezar” a verdade para se sair melhor numa situação?

No entanto, a Bíblia nos oferece uma perspectiva clara sobre esse dilema. Provérbios 12:22 diz: “O Senhor detesta os lábios mentirosos, mas se deleita com os que falam a verdade.” Esse versículo nos lembra que, aos olhos de Deus, a honestidade é não apenas uma virtude, mas um caminho para viver em harmonia com Ele e com os outros.

Escolher a honestidade pode parecer o caminho mais difícil. Pode significar assumir a responsabilidade por um erro, enfrentar as consequências de uma ação ou simplesmente ser verdadeiro consigo mesmo e com os outros, mesmo quando a verdade não é o que as pessoas querem ouvir.

Mas a honestidade também traz consigo liberdade e paz de espírito. Ser honesto significa não ter que manter um castelo de cartas de mentiras, não ter que se lembrar de qual versão da história você contou para quem. E mais importante, significa estar em sintonia com sua fé e valores.

A trapaça, por outro lado, pode parecer oferecer uma gratificação instantânea ou um caminho mais fácil para alcançar um objetivo. No entanto, é um atalho para o vazio. Ganhar por meios desonestos tira o valor real de qualquer conquista. Mais cedo ou mais tarde, a trapaça cobra seu preço, seja na forma de culpa, de perda de confiança dos outros, ou mesmo de consequências mais sérias.

Voltando ao Caminho

E se já escolhemos o caminho errado? A beleza da fé cristã está na promessa de redenção. 1 João 1:9 nos assegura que "Se confessarmos os nossos pecados, ele é fiel e justo para nos perdoar os pecados e nos purificar de toda injustiça."

Isso significa que nunca é tarde para escolher o caminho da honestidade. Reconhecer um erro, pedir perdão e se esforçar para fazer a coisa certa da próxima vez são passos valiosos no caminho para a redenção.

Vivendo com Honestidade

1. **Seja verdadeiro em pequenas coisas:** A honestidade começa com as pequenas escolhas diárias. Cada decisão honesta fortalece seu caráter.

2. **Peça força a Deus:** Quando a tentação de trapacear aparecer, peça a Deus que te dê força para escolher a honestidade.

3. **Lembre-**se do exemplo de Jesus: Jesus viveu uma vida de total integridade e honestidade. Ele é nosso maior exemplo a seguir.

4. **Busque a redenção quando necessário:** Se você já caiu na armadilha da trapaça, lembre-se de que o caminho de volta começa com um simples ato de confissão e arrependimento.

Conclusão

A escolha entre honestidade e trapaça é uma que todos nós enfrentamos. Como cristãos, somos chamados a escolher o caminho da honestidade, não porque é mais fácil, mas porque reflete nosso compromisso com Deus e com os valores que Ele nos ensina. Esse caminho pode ser mais desafiador, mas é infinitamente mais recompensador, levando a uma vida de verdadeira satisfação, paz e redenção.

Capítulo 11

Raquel: Desenhando seu Próprio Destino

Imagine uma cidade onde tradição e o "deve ser" pesam mais que tudo. Aqui, Raquel é uma artista nata, em conflito com o peso de uma família que respira diplomas e carreiras com nomes pomposos. Como a Raquel das histórias antigas, que virou a cabeça de Jacó com sua vibe, nossa Raquel de agora batalha para fazer valer seu dom artístico sem perder o carinho de quem mais importa pra ela.

Entre aulas na faculdade que ela nem curte, mas faz pra agradar a família, e suas sessões secretas de pintura, onde ela realmente se sente viva, Raquel está sempre entre dois mundos. Seu quarto, mais um ateliê do que um espaço pra dormir, é onde ela solta sua criatividade, pintando sonhos e sentimentos que a família não faz ideia que existem.

Ela tá sempre nesse cabo de guerra interno, tentando achar um meio-termo entre o que sua família espera e o que seu coração grita. A tensão vai lá no alto quando Raquel ganha uma chance de ouro: mostrar seu trabalho numa galeria de arte local. Essa oportunidade é o empurrão que ela precisava para encarar seus medos e a pressão de casa.

Procurando por alguma luz, Raquel mergulha na história da Raquel bíblica, buscando força naquela que enfrentou a vida com fé e determinação. Um versículo em particular, Provérbios 31:25, parece falar diretamente com ela: "Força e dignidade são seus trajes; ela ri do futuro." Essa mensagem bate forte, inspirando Raquel a se posicionar firme e sem medo do amanhã, pronta pra trilhar seu caminho com tudo que tem de mais autêntico.

Com o coração cheio de coragem, Raquel decide abrir o jogo com sua família. Ela expõe sua alma, falando dos seus sonhos e do que realmente a faz feliz. Apesar do choque inicial, a verdade e a paixão de Raquel vão derrubando barreiras, mostrando que, sim, é possível ter o apoio deles. A exposição é um estouro, marcando a conquista da sua liberdade e o início da sua jornada como artista reconhecida.

Reflexões para a galera:

1. Como você faz pra equilibrar o que sua família espera de você com o que você quer de verdade pra sua vida?

2. De que jeito a sua fé e o que você acredita podem te guiar quando você está sob pressão?

3. Por que ser aberto e vulnerável pode ser o caminho pra ganhar apoio e ser entendido?

A saga da Raquel é um toque pra gente lembrar de correr atrás do que faz nossos olhos brilharem, mesmo quando o mundo espera outra coisa. Mostra que, com fé, sinceridade e um pouco de coragem, dá pra achar um meio de viver a nossa verdade, honrando quem somos e de onde viemos.

O QUE EU TENHO A VER COM ISSO?

Pressão da Expectativa Social e Familiar: Encontrando Seu Caminho com Fé

Viver sob a pressão das expectativas sociais e familiares é como tentar encaixar-se em várias molduras ao mesmo tempo, algumas das quais nunca foram feitas para você. Entre notas escolares, escolhas de carreira, comportamento e até crenças, parece que todos têm uma ideia de como você deveria ser. Como cristão, você também busca viver de acordo com sua fé, o que adiciona outra camada a esse desafio. Então, como encontrar seu próprio caminho em meio a todas essas vozes?

Compreendendo as Expectativas

Expectativas vêm de vários lugares: pais, professores, amigos e até da igreja. Elas podem ser motivadas pelo amor e pelo desejo de ver você ter sucesso, mas às vezes podem parecer um fardo pesado. Lembre-se, é normal querer fazer os outros felizes, mas é essencial reconhecer quando essa vontade compromete sua individualidade e seus valores.

A Perspectiva Cristã sobre Expectativas

A Bíblia nos oferece uma perspectiva única sobre como lidar com expectativas. Em Gálatas 1:10, Paulo se pergunta: "Estou procurando a aprovação de seres humanos ou de Deus? Ou estou tentando agradar às pessoas? Se eu ainda estivesse tentando agradar às pessoas, não seria servo de Cristo." Essa reflexão destaca a importância de priorizar a aprovação de Deus acima de todas as outras.

1. **Conheça a si mesmo:** Dedique tempo para entender seus próprios interesses, talentos e chamado. A oração e a meditação podem ser ferramentas valiosas para descobrir como você pode viver sua fé e sua vida de forma autêntica.

2. **Diálogo Aberto:** Converse honestamente com sua família e amigos sobre como você se sente em relação às expectativas deles. Muitas vezes, eles podem não perceber a pressão que estão impondo.

3. **Busque Orientação na Palavra de Deus:** A Bíblia está cheia de histórias de pessoas que enfrentaram pressões enormes, mas encontraram força e direção em Deus. Histórias como a de Davi, José e Ester podem oferecer conforto e inspiração.

4. **Valorize a Aprovação de Deus:** Lembre-se de que a aprovação mais importante é a de Deus. Viver de forma que esteja alinhada com os ensinamentos de Cristo traz uma paz e uma satisfação que a aprovação humana não pode igualar.

5. **Seja Gentil Consigo Mesmo:** Você vai cometer erros, e tudo bem. Cada erro é uma oportunidade de aprender e crescer. Deus não espera perfeição, mas um coração disposto a seguir e aprender com Ele.

Lidando com a Pressão

Quando a pressão parece demais, lembre-se de Filipenses 4:6-7: "Não se preocupem com nada, mas em todas as orações peçam a Deus o que vocês precisam, sempre pedindo com um coração agradecido. E a paz de Deus, que é muito melhor do que o entendimento humano, guardará os corações e as mentes de vocês em Cristo Jesus."

Conclusão

Navegar pelas expectativas sociais e familiares é uma parte inevitável da vida, especialmente na adolescência. No entanto, ao ancorar-se na fé e nos ensinamentos de Cristo, você pode encontrar a força para ser verdadeiro consigo mesmo e com Deus, independentemente das pressões externas. Lembre-se, a jornada para descobrir e viver sua própria verdade é uma das mais gratificantes que você pode empreender, especialmente quando feita de mãos dadas com Deus.

Capítulo 12

José: A Arte de Recomeçar

Imagina uma cidade gigantesca, batendo no ritmo louco do dia a dia, onde tudo pode tanto te levantar quanto te derrubar. Aqui temos o José, um cara super jovem que subiu as escadas do sucesso rapidinho, mostrando que talento e dedicação são tudo. Mas, mesmo no topo, ele carrega umas feridas antigas da família, uns rolês de traição que, mesmo não barrando seu sucesso, deixaram marcas pesadas no coração. Tipo o José do Egito, vendido pelos próprios irmãos, mas que depois perdoou a galera, nosso José de hoje encara o desafio gigante de superar a mágoa e aprender a perdoar quem já pisou na bola com ele.

José começa o rolê antes mesmo do sol dar as caras, mergulhando de cabeça no trampo que virou sua paixão e seu escape. Ele tem sucesso, tá rodeado de gente da firma e parceiros de negócio, mas bate "uma deprê" por dentro que só se acalma com a ideia de fazer as pazes com o passado. As noites são de muita vibe introspectiva, pensando se toda essa conquista profissional valeu a pena pelas paradas pessoais que ele deixou pra trás.

A chance de encarar os fantasmas do passado vem quando José descobre que sua família tá numa pindaíba braba e precisa da ajuda dele. O reencontro é tenso, trazendo à tona um monte de lembranças doloridas e botando o José na real sobre sentimentos de traição e abandono. Decidir ajudar é um teste pra fé e pro coração do cara.

José busca inspiração na história do José da antiguidade, que soube ver a mão do divino guiando sua jornada, mesmo nas paradas mais difíceis. Ele começa a sacar que talvez suas próprias roubadas tenham um propósito maior, perguntando-se se dá pra transformar a dor e o rancor em algo tipo compreensão e crescimento pessoal.

Refletindo e meditando em passagens sobre perdão, tipo aquela de Colossenses 3:13 que diz pra aguentar a barra um do outro e perdoar, José sente a vibe de que perdoar não é só uma parada de ser legal com os outros, mas um passo essencial pra ele mesmo se libertar e sarar.

Com uma nova visão sobre o que realmente significa perdoar, José decide se acertar com sua família, iniciando um processo de cura que reata os laços antes quebrados. O caminho é cheio de vulnerabilidade e conversas difíceis, mas também tem seus momentos de verdadeira redenção e alegrias compartilhadas.

Vibrações pra refletir:

1. Como dar o primeiro passo pra perdoar aqueles que já te machucaram?
2. De que forma o ato de perdoar pode mudar não só suas relações, mas seu estado de espírito e saúde da alma?
3. Qual é a vibe da fé quando o assunto é deixar de lado as mágoas e buscar a paz de espírito?

A história do nosso José mostra que perdoar é poderoso, capaz de curar as feridas mais fundas e consertar relações estremecidas. Ele ensina que, por mais doloroso que seja o processo, sempre existe um caminho para a compreensão, o crescimento pessoal e, mais importante, o amor.

O QUE EU TENHO A VER COM ISSO?

Perdão: O Superpoder Esquecido

Imagina que você tem um superpoder. Não, não estou falando de voar ou de se tornar invisível. Estou falando de algo mais potente, capaz de transformar não só a sua vida, mas também a de quem está ao seu redor. Esse superpoder é o perdão.

O Que é Perdão, Afinal?

Perdão é quando você decide soltar a raiva ou ressentimento que sente por alguém, não importa se eles merecem ou não. É uma escolha que você faz, não por eles, mas por você, para não carregar o peso da mágoa. Na fé cristã, o perdão é central porque reflete o amor e a misericórdia que Deus tem por nós.

Por Que Perdoar?

1. **Porque Deus Primeiro Nos Perdoou:** Em Colossenses 3:13, somos lembrados de "suportar uns aos outros e perdoar uns aos outros se alguém tiver queixa contra alguém. Assim como o Senhor vos perdoou, assim também perdoai vós." Se Deus, que é perfeito, pode nos perdoar por tudo, quem somos nós para não perdoar?

2. **Para Libertar a Si Mesmo:** Guardar rancor é como segurar uma brasa quente esperando que o outro se queime. No final, o único queimado é você. Perdoar o liberta dessa brasa.

3. **Para Curar Relacionamentos:** O perdão pode reconstruir pontes quebradas. Não significa esquecer o que aconteceu ou que a pessoa não tenha consequências por suas ações, mas permite que a cura comece.

Como Perdoar?

1. **Peça Ajuda a Deus:** Às vezes, perdoar parece impossível. É nessas horas que pedir a Deus que mude seu coração pode fazer toda a diferença.

2. **Reflita sobre o Perdão de Deus:** Lembre-se de como você se sente sabendo que Deus te perdoa. Isso pode te dar a força para passar esse perdão adiante.

3. **Decida Perdoar:** Perdão é uma escolha, não um sentimento. Você decide perdoar e então trabalha através dos sentimentos que vêm depois.

4. **Expresse Seu Perdão:** Às vezes, você pode dizer à pessoa que você a perdoou. Outras vezes, pode ser um processo interno, especialmente se a pessoa não estiver mais por perto ou se for uma situação em que expressar perdão diretamente não seja seguro ou saudável.

5. **Deixe Ir:** Depois de perdoar, tente soltar. Isso não acontece da noite para o dia, mas é um processo importante para a sua paz interior.

O Desafio do Perdão

Perdoar não é fácil, especialmente quando as feridas são profundas. Mas vale a pena. Em Mateus 18:21-22, Pedro pergunta a Jesus quantas vezes deveríamos perdoar alguém, sugerindo "até sete vezes?" Jesus responde "Não te digo até sete, mas até setenta vezes sete." Isso não significa contar até 490 e então parar de perdoar. Significa que o perdão não tem limites.

Conclusão

O perdão é um dos superpoderes mais desafiadores e transformadores que você pode ter. Ele pode mudar sua vida, curar seu coração e restaurar relacionamentos. Lembre-se, perdoar não é esquecer o que aconteceu, mas é decidir que o passado não vai controlar seu futuro. E, ao perdoar, você reflete o amor incrível que Deus tem por cada um de nós. Então, da próxima vez que você se encontrar lutando para perdoar, lembre-se do superpoder que você tem e do impacto eterno que ele pode ter.

Capítulo 13

Moisés: O Despertar da Força Interior

Num cantinho esquecido por mapas, onde as relações familiares tecem a essência da vida e a simplicidade do dia a dia é mais valiosa que ouro, vive Moisés, um cara de 15 anos com uma vibe única. Ele é apaixonado pela história e cultura do seu povo, um sentimento que arde tão forte quanto o sol que se põe por trás dos campos. Mas, mesmo com essa chama interior, Moisés enfrenta aquele mar de inseguranças que só a adolescência sabe trazer, ainda mais com a pressão gigante de seguir os passos do seu pai, um líder nato da comunidade.

Moisés divide seu rolê entre ser o aluno que todo professor quer ter e ajudar na fazenda da família, mas é nos livros de grandes líderes e heróis históricos que ele realmente se encontra. Cada página vira uma janela pra outro mundo, onde a bravura e o heroísmo fluem livremente, mas também onde as dúvidas sobre sua própria capacidade de ser "alguém" nesse nível começam a brotar.

A coisa fica tensa quando se aproxima a festa anual da comunidade, um evento épico sempre comandado pelo seu pai, com aquela confiança e charme que só ele tem. Mas este ano, a bomba cai no colo do Moisés, que é desafiado a sair da sombra e brilhar, fazendo seus medos de não ser bom o suficiente ecoarem mais alto.

Em busca de uma pausa dessa pressão toda, Moisés se joga na natureza, gastando horas em trilhas e campos que são quase extensões da sua casa. É nessa paz, entre o verde e o céu azul, que ele reflete sobre a saga do Moisés original, especialmente a parte em que ele também se sentia um peixe fora d'água ao ser escolhido para liderar seu povo.

Um verso que sempre mexeu com ele, Josué 1:9, agora parece falar diretamente com sua alma: "Não te ordenei? Sê forte e corajoso; não te assustes, nem desanimes, pois o Senhor, teu Deus, estará contigo onde quer que vás." Nessas palavras, Moisés acha um novo sentido de coragem, percebendo que ser corajoso não é sobre nunca ter medo, mas sobre enfrentar esse medo de cabeça erguida.

Armado com essa nova luz, Moisés decide encarar seus fantasmas. Sua performance na celebração não é sem falhas; ele tropeça, vacila em momentos chave, mas é a sua honestidade e o esforço sincero que conquistam todos. Nessa jornada, ele descobre que ser líder é menos sobre ser inabalável e mais sobre dançar com suas inseguranças, mostrando que, sim, é possível seguir em frente, mesmo tremendo nas bases.

Reflexões para a galera:

1. Como suas inseguranças moldam a visão que você tem de si e do seu potencial?

2. Como transformar as incertezas em degraus para a sua evolução pessoal?

3. De que forma se conectar com suas crenças e sua galera pode te dar aquele gás pra enfrentar os medos e assumir seu espaço com tudo?

A vibe do Moisés nos ensina que a adolescência, apesar de ser um furacão de questionamentos e incertezas, é o palco perfeito para o despertar daquela coragem que já vive em nós. Mostra que, no meio da tempestade de se descobrir, sempre existe uma luz – a força para ser autenticamente você.

O QUE EU TENHO A VER COM ISSO?

Como lidar com Insegurança e Sentimento de Inaptidão?

A insegurança e o sentimento de inaptidão podem parecer companheiros constantes. É aquela vozinha na cabeça dizendo que você não é bom o suficiente, que você não vai conseguir, que você não pertence. Mas, acredite ou não, há uma maneira de enfrentar esses gigantes, e ela começa com a compreensão de quem você é aos olhos de Deus.

Entendendo a Insegurança e a Inaptidão

Insegurança não é apenas sobre não se sentir confiante; é sobre duvidar do seu valor e do seu lugar no mundo. O sentimento de inaptidão, por sua vez, surge quando você acredita que não tem as habilidades ou talentos necessários para alcançar seus sonhos ou cumprir as expectativas. Mas aqui está o segredo: esses sentimentos não definem quem você realmente é.

Você é Precioso aos Olhos de Deus

Primeiramente, é crucial lembrar que você foi criado à imagem de Deus (Gênesis 1:27). Isso significa que você carrega um valor imenso simplesmente por existir. Deus te fez único, com talentos, sonhos e uma jornada só sua. Em Salmos 139:14, somos lembrados de que somos "maravilhosamente feitos"; isso inclui você, com todas as suas peculiaridades e características únicas.

Encontrando Sua Força em Deus

Quando a insegurança bater, lembre-se de que Deus é sua fortaleza. Filipenses 4:13 diz: "Tudo posso naquele que me fortalece." Isso não significa que a vida será fácil ou que você será bom em tudo de primeira. Significa que, com Deus, você tem a força para enfrentar desafios e crescer a partir deles.

A Importância da Comunidade

Você não foi feito para enfrentar a vida sozinho. Hebreus 10:24-25 nos encoraja a considerar como podemos incentivar uns aos outros em amor e boas obras, não deixando de nos reunir. Encontre uma comunidade, tal como amigos, família, um grupo de jovens, que lhe apoie, encoraje e o lembre do seu valor em Cristo.

Transformando Insegurança em Crescimento

Cada vez que você se sentir inseguro ou inapto, veja isso como uma oportunidade para crescer. Desafie-se a sair da sua zona de conforto, sabendo que Deus está com você em cada passo. Use esses momentos para orar, buscar orientação em Sua Palavra e lembrar que seu valor não vem do que você faz, mas de quem você é em Cristo.

Práticas Diárias

1. **Oração:** Comece e termine seu dia conversando com Deus. Apresente a Ele suas inseguranças e peça por Sua força.

2. **Meditação na Palavra:** Dedique tempo para ler a Bíblia, permitindo que a verdade de Deus sobre você afunde em seu coração.

3. **Gratidão:** Mantenha um diário de gratidão, anotando diariamente as coisas pelas quais você é grato. Isso pode ajudar a mudar sua perspectiva.

4. **Serviço:** Envolva-se em atividades que permitam servir aos outros. Isso pode ajudar a tirar o foco de si mesmo e colocá-lo no amor ao próximo.

Conclusão

Insegurança e sentimento de inaptidão são batalhas que todos enfrentamos, mas não precisam ter a última palavra. Lembre-se de que, em Deus, você encontra seu valor verdadeiro, sua força e sua comunidade. Com Ele, você pode transformar a insegurança em um caminho de crescimento, descobrindo não apenas quem você é, mas quem você pode ser em Cristo. Encare esses sentimentos não como sinais de fraqueza, mas como lembretes da sua necessidade de depender mais profundamente de Deus e da incrível jornada de crescimento que Ele tem para você.

Capítulo 14

Aarão: Escolhas

Bem-vindo a uma pequena cidade onde o tempo parece andar de bicicleta, devagar e com calma, mas onde as decisões podem ter o peso de um trem em alta velocidade. Aqui encontramos Aarão, um cara do ensino médio que tá mais por dentro de um dilema épico do que de qualquer série de TV. Inspirado no Aarão bíblico, que pegou uma montanha-russa de desafios e teve seus momentos de vacilo sob a pressão da galera, nosso Aarão de hoje está tentando descobrir como se manter autêntico sem se perder no mar de expectativas alheias.

Conhecido por ser o tipo de pessoa que você quer ter por perto, pela gentileza, pela cabeça no lugar, e por ser aquele membro chave do clube de ciências, Aarão tá naquela encruzilhada típica: ficar firme nos valores que sua família valoriza pra caramba ou mergulhar nas ondas tentadoras de um grupo de amigos que curte explorar os limites, com rolês que incluem desde experimentar coisas novas (e nada seguras) até festas que viram à noite do avesso.

Cada "não" que ele dá, cada rolê que ele pula, traz um mix de alívio por não trair quem ele é, mas também aquele sentimento solitário de quem tá por fora da onda, se perguntando se vale mesmo a pena ser fiel aos seus princípios se isso significa ser visto como o diferente da turma.

Num desses momentos, quando o convite pra festa do século, aquela que todo mundo sabe que vai dar o que falar, bate à sua porta, Aarão busca um tempo no único lugar que parece oferecer silêncio suficiente pra ouvir seus próprios pensamentos: sua igreja. Lá, rodeado não só de paz, mas também de amigos que pegam a mesma onda de pressão, ele mergulha nas histórias de Aarão bíblico, principalmente aquela do bezerro de ouro, quando o teste real de caráter bateu forte.

Refletindo sobre 1 Coríntios 10:13, aquela passagem que diz que não vamos enfrentar nada que já não esteja no nosso limite de aguentar, Aarão encontra um novo tipo de força. Ele se toca que não tá remando sozinho nesse oceano de desafios e que ser fiel ao que acredita é sim possível, mesmo quando a correnteza tenta te levar pra outro lado.

Com a confiança renovada pela fé e pelos seus valores inabaláveis, Aarão decide abrir o jogo com a galera, colocando os pingos nos "is" sobre o que ele tá dentro e o que não rola pra ele. E, numa virada digna de final de filme, ao invés de virar o excluído, ele descobre respeito e até admiração por sua sinceridade e coragem, mostrando que amizade de verdade não pede que você se perca pra pertencer.

Reflexões para a mente e o coração:

1. Como você segura firme nos seus valores quando tudo ao seu redor parece te empurrar pra outra direção?

2. Em que momentos sua fé te deu aquele suporte extra pra encarar as escolhas cabeludas?

3. Será que ser transparente sobre quem você é pode transformar suas relações e te trazer amigos que curtem sua essência real?

A saga de Aarão nos lembra que, apesar dos obstáculos, ser verdadeiro com o que a gente acredita é crucial. Ensina a gente que respeito, amizade verdadeira, e admiração vêm da nossa habilidade de ser autênticos e firmes, mesmo quando o mundo parece jogar contra.

O QUE EU TENHO A VER COM ISSO?

Lidar com a Pressão dos Amigos versus Fé

Quando você está no meio da adolescência, parece que está constantemente no ringue de uma batalha épica entre seguir a multidão ou seguir sua fé. Essa luta entre a pressão dos amigos e as convicções pessoais pode ser intensa. Vamos explorar como você pode manter sua fé firme, mesmo quando parece que todo mundo quer que você vá na direção oposta.

Entendendo a Pressão dos Amigos

A pressão dos amigos não é só sobre os outros tentando te convencer a fazer algo que você não quer. Às vezes, é sobre querer pertencer, ser aceito, e temer ser deixado de lado. Em um mundo onde "todo mundo está fazendo isso" pode parecer uma razão válida para se desviar dos seus princípios, lembrar quem você é e em Quem você acredita é crucial.

O Que a Fé Diz?

A fé cristã é cheia de exemplos de pessoas que se mantiveram firmes, mesmo quando era difícil. Daniel recusou-se a adorar outros deuses, apesar da pressão para conformar-se com as práticas babilônicas. Jesus mesmo, em sua jornada na Terra, escolheu seguir o caminho que Deus tinha para Ele, mesmo sabendo das dificuldades que enfrentaria.

A Bíblia nos encoraja a "não nos conformarmos com o padrão deste mundo, mas sermos transformados pela renovação da nossa mente" (Romanos 12:2). Isso significa que, às vezes, seguir a Cristo vai nos colocar em rota de colisão com as expectativas ou pressões dos nossos amigos.

Estratégias para Enfrentar a Pressão dos Amigos Mantendo a Fé

1. **Conheça a Sua Fé:** Quanto mais você entender sobre o que acredita e por quê, mais preparado estará para enfrentar desafios. Dedique tempo para ler a Bíblia, orar e participar de grupos de jovens ou estudos bíblicos.

2. **Estabeleça Limites:** Saiba até onde você está disposto a ir em várias situações. Ter limites claros pode ajudar a evitar situações onde você possa se sentir pressionado a comprometer sua fé.

3. **Escolha Amigos Sabiamente:** Rodear-se de amigos que respeitam suas crenças e até compartilham de sua fé pode oferecer um grande apoio. Não é sobre se isolar de quem pensa diferente, mas ter uma base sólida de amigos que te incentivam a crescer espiritualmente.

4. **Pratique Dizer Não:** Às vezes, tudo o que é preciso é a coragem de dizer não. Pratique formas de recusar gentilmente ofertas ou convites que não se alinham com seus valores.

5. **Use Sua Influência:** Lembre-se de que, assim como os amigos podem influenciar você, você também pode influenciá-los. Viver sua fé abertamente e com amor pode inspirar outros a quererem saber mais sobre Jesus.

Lembrando Que Você Não Está Sozinho

Em momentos de pressão, pode parecer que você está sozinho nessa. Mas Hebreus 12:1 nos lembra que estamos "rodeados por tão grande nuvem de testemunhas". Isso significa que muitos antes de você enfrentaram desafios semelhantes e perseveraram. Além disso, Deus promete estar conosco sempre, nos dando força quando mais precisamos.

Conclusão

Enfrentar a pressão dos amigos enquanto tenta viver sua fé não é fácil, mas é uma jornada que vale a pena. Cada desafio é uma oportunidade para crescer, aprender e se tornar mais forte em sua fé. Lembre-se de que suas escolhas e ações podem não só ajudá-lo a manter-se fiel aos seus valores, mas também servir como luz para aqueles ao seu redor. E, acima de tudo, saiba que Deus está com você em cada passo do caminho, oferecendo amor, orientação e apoio incondicionais.

Capítulo 15

Miriam: Comparações

Imagine uma comunidade onde o mar é tão parte da vida quanto o ar que respiram, refletindo os altos e baixos dos dias com sua calmaria e tempestades. É nesse cenário que encontramos Miriam, uma alma vibrante enfrentando uma tempestade interna tão intensa quanto qualquer furacão que bate à porta dessa terra de contrastes. Neste lugar, onde o silêncio da natureza fala mais alto que o tumulto das metrópoles e a simplicidade das vilas rurais, a beleza tranquila se mistura com um sentimento de isolamento, tecendo a complexa rede das interações humanas.

Miriam, portadora de sonhos tão vastos quanto o oceano, vê nas águas sem fim um reflexo de sua própria busca por sentido. Ela ama profundamente sua terra, uma mistura única de isolamento comunitário e horizontes abertos, mas se vê constantemente lutando contra as correntezas da comparação e incerteza. Cada vitória de alguém próximo se transforma em uma onda que a afasta mais e mais de sua ilha de satisfação pessoal.

A inveja, um visitante silencioso e indesejado, começa a corroer seu ser, levando-a a se sentir uma náufraga em um oceano de dúvidas e sentimentos de inadequação. Essa batalha interna não é uma tempestade passageira; ela atinge profundamente, transformando cada elogio a outrem em um eco doloroso de suas inseguranças. Em noites dominadas pela insônia, Miriam busca consolo observando o céu estrelado, perguntando-se por que parece estar à sombra, enquanto outros brilham tão intensamente.

Em busca de um porto seguro nesse turbilhão emocional, Miriam encontra refúgio na solidão da praia ao amanhecer, o único lugar onde parece possível respirar sem o peso dos julgamentos alheios. É ali, com os pés mergulhados na areia ainda fria da noite e os olhos perdidos no infinito do horizonte, que ela começa a enfrentar a verdadeira face da inveja, escavando as emoções complexas que tem evitado.

Ao som suave das ondas, as palavras de 1 Coríntios 13:4, "O amor é paciente, o amor é bondoso. Não inveja..." chegam até ela como uma brisa, tocando seu coração com a suavidade do amanhecer. Miriam compreende que sua luta contra a inveja é, na verdade, uma caminhada rumo ao autoamor e à empatia, aprendendo a valorizar sua própria essência sem se perder na sombra das comparações.

Decidida a mudar o curso de seus pensamentos, Miriam inicia um diário, um mapa do tesouro pessoal onde marca não só os momentos de inveja, mas também os de gratidão e reconhecimento de suas próprias conquistas, por mais singelas que sejam. Essa prática se torna seu farol, guiando-a suavemente de volta às águas tranquilas da autoaceitação, permitindo-lhe, enfim, aplaudir as vitórias alheias sem sentir que isso ofusca o seu próprio brilho.

Reflexões para quem está à deriva:

1. Como você pode velejar pelos sentimentos de inveja até encontrar a paz e a aceitação na sua própria viagem?
2. De que forma a abertura e a honestidade sobre seus sentimentos podem ser âncoras para superar as tormentas emocionais?
3. Como cultivar um relacionamento amoroso consigo mesmo pode mudar a perspectiva sobre o sucesso alheio?

A jornada de Miriam, com o mar ao fundo, nos ensina que as águas da inveja podem ser navegadas e que existe um caminho luminoso para a praia da aceitação de si mesmo e do amor. Pela reflexão e fé, descobrimos que podemos admirar a jornada única de cada um, incluindo a nossa, sob o vasto céu estrelado da humanidade.

O QUE EU TENHO A VER COM ISSO?

Como lidar com a Inveja do Sucesso Alheio

Num mundo hiperconectado, onde cada conquista é postada, curtida e compartilhada, é fácil se pegar sentindo inveja do sucesso dos outros. Talvez seja aquele amigo que sempre tira notas altas sem parecer estudar muito, ou alguém que sempre é escolhido para as melhores oportunidades. Sentir inveja é humano, mas como lidamos com esse sentimento pode definir muito do nosso caráter e da nossa jornada de fé.

Reconhecendo a Inveja

O primeiro passo para lidar com a inveja é reconhecê-la. A inveja é mais do que apenas querer o que outra pessoa tem; muitas vezes, é sentir-se mal pelo sucesso dela. Provérbios 14:30 diz: "O coração tranquilo é a vida da carne, mas a inveja é a podridão dos ossos." Isso mostra que a inveja não só é prejudicial para nossas relações, mas para nós mesmos.

Entendendo o Sucesso Sob a Ótica Cristã

A fé cristã oferece uma perspectiva única sobre sucesso e realização. Em 1 Coríntios 12:12-26, somos lembrados de que cada um de nós tem um papel único no corpo de Cristo. O sucesso de alguém não diminui o seu valor ou sua importância. Deus tem um plano e um propósito para cada um de nós, e isso pode se manifestar de maneiras diferentes e em tempos diferentes.

Estratégias para Superar a Inveja

1. **Celebre o Sucesso dos Outros:** Pode parecer contraintuitivo, mas uma das maneiras mais eficazes de superar a inveja é genuinamente celebrar as conquistas dos outros. Isso ajuda a transformar sentimentos negativos em positivos e fortalece suas relações.

2. **Mude Sua Perspectiva:** Em vez de se concentrar no que os outros têm, concentre-se em suas próprias bênçãos e talentos. A gratidão é um antídoto poderoso para a inveja.

3. **Busque Inspiração:** Em vez de permitir que o sucesso dos outros provoque inveja, deixe que inspire você a alcançar seus próprios objetivos. Pergunte-se: "O que posso aprender com eles?"

4. **Converse com Deus:** Quando a inveja bater, leve suas preocupações a Deus em oração. Peça a Ele para ajudar a transformar seu coração e a ver as situações com os olhos Dele.

5. **Comprometa-se com Seu Próprio Crescimento:** Concentre-se em ser a melhor versão de si mesmo, em vez de comparar sua jornada com a de outras pessoas. Lembre-se de que o sucesso vem de colocar seus dons e talentos dados por Deus em uso, não de superar os outros.

Encontrando Valor em Quem Você É

Lembre-se, seu valor não vem de suas conquistas ou de como você se compara aos outros. Seu valor vem de ser amado por Deus, exatamente como você é. Efésios 2:10 nos diz que somos "obra prima de Deus", criados para fazer boas obras, que Ele preparou antecipadamente para nós.

Conclusão

A inveja do sucesso dos outros pode ser uma luta real, mas não é insuperável. Ao mudar nossa perspectiva e concentrar-nos no amor de Deus e no plano único que Ele tem para cada um de nós, podemos encontrar alegria em nossas próprias jornadas e celebrar sinceramente as vitórias dos outros. Lembre-se, a corrida da fé não é uma competição contra os outros, mas um caminho para se tornar tudo o que Deus planejou para você.

Capítulo 16

Josué: Dominando o Tsunami Interior

Imagine um cantinho escondido entre montanhas, onde cada estação do ano pinta a paisagem com cores novas e a vida segue o ritmo tranquilo da natureza. Aqui, Josué, um jovem que acaba de assumir o comando de um grupo de escoteiros, se vê diante do desafio épico de liderar e zelar pelos mais novos em aventuras ao ar livre. Sua nova missão desperta um vulcão de ansiedade dentro dele, fazendo eco à responsa que o Josué das antigas histórias encarou ao liderar seu povo numa virada de jogo crucial.

Josué sempre foi o tipo de cara que se sente mais ele mesmo quando tá por aí, explorando trilhas e respirando o ar puro das montanhas. Porém, saltar de um membro ativo para o líder não só aumentou o peso nos seus ombros, mas também transformou seu paraíso pessoal em um palco para uma tempestade de preocupações. A segurança da galera, o sucesso das missões e a vibe do grupo agora dependem totalmente dele.

Não é só a logística das expedições que tira o sono de Josué; ele tá verdadeiramente pilhado com a felicidade e o desenvolvimento da sua equipe. À noite, com o silêncio das montanhas ecoando, as dúvidas começam a martelar sua cabeça: "Será que eu dou conta desse desafio? E se eu vacilar?" Essas perguntas viram fantasmas que rondam seus pensamentos, especialmente quando o mundo ao redor fica quieto.

Em busca de um farol para iluminar sua mente turbulenta, Josué se aventura pelas montanhas, procurando um momento de paz e uma conexão mais profunda com algo maior que ele mesmo. É nesse retiro espiritual, rodeado pelo grandioso cenário natural, que ele medita sobre a jornada de seu xará bíblico, refletindo sobre a coragem e a fé que moveram montanhas e rios naquela épica travessia do Jordão.

Num desses momentos de isolamento, a lembrança de Josué 1:9 vem como um raio de luz: "Não te ordenei? Seja forte e corajoso! Não se apavore nem desanime, pois o Senhor, o seu Deus, estará com você por onde você andar." Essas palavras batem forte, enchendo-o de uma força renovada e uma sensação de missão redefinida. Ele percebe que a fonte da sua capacidade de liderar não vem apenas de si, mas de uma força maior que o guia. Reenergizado pela fé e pelo cenário mágico das montanhas, Josué volta para o seu grupo com um olhar transformado sobre o que significa ser líder. Ele entende que a ansiedade é um sinal do quanto ele se importa e decide confiar mais na sua capacidade e no suporte da sua turma. A liderança, ele descobre, é uma viagem que se faz junto, e não uma jornada solitária.

Questões para mergulhar fundo:

1. Como você pode surfar nas ondas da ansiedade que vêm com desafios inéditos?

2. De que forma a fé e um tempo no seu "habitat natural" podem ser bússolas em momentos de incerteza?

3. Qual é a importância de abraçar a ansiedade como um indicativo de que você realmente se importa?

A saga de Josué nos mostra que enfrentar a ansiedade é parte da jornada de todo líder. Com fé, introspecção e o apoio dos que estão ao nosso redor, podemos encontrar a coragem para não apenas guiar outros, mas também crescer imensamente no processo, aprendendo a navegar pelas águas, por vezes tempestuosas, da liderança e do autoconhecimento.

O QUE EU TENHO A VER COM ISSO?

Lidar com a Ansiedade: Encontrando Paz em Sua Fé

Ansiedade é como uma sombra que, às vezes, segue cada passo seu, especialmente na adolescência. Seja por provas, amizades, futuro ou qualquer outra coisa, essa sombra pode parecer enorme. Mas e se eu te disser que há uma forma de encontrar luz mesmo quando a sombra da ansiedade parece longa e escura? Vamos explorar isso juntos, sob a luz da fé cristã.

Reconhecendo a Ansiedade

Primeiro, é importante reconhecer o que você está sentindo. Ansiedade não é apenas estar nervoso antes de uma prova; é aquela preocupação constante que não parece ter um botão de desligar. Deus entende o que você está passando. Em Salmos 139:23, Davi pede a Deus para sondar seu coração e conhecer suas ansiedades. Você não está sozinho nisso.

A Promessa de Paz

Filipenses 4:6-7 diz: "Não se preocupem com nada, mas em todas as situações, apresentem seus pedidos a Deus em oração... E a paz de Deus, que excede todo o entendimento, guardará seus corações e suas mentes em Cristo Jesus." Deus não promete uma vida sem desafios, mas Ele promete uma paz que pode nos ajudar a enfrentá-los.

1. **Oração e Meditação:** Quando a ansiedade bater, tente se voltar para a oração. Falar com Deus sobre seus medos pode trazer alívio e clareza.

2. **Memorize Versículos:** Ter alguns versículos-chave em mente pode ser um grande consolo. Além de Filipenses 4:6-7, o Salmo 23 é um lembrete poderoso da presença constante de Deus.

3. **Música e Louvor:** A música pode acalmar a mente e o espírito. Encontre hinos ou músicas de adoração que falem ao seu coração e deixe-os ser um lembrete do amor de Deus por você.

4. **Comunidade de Fé:** Compartilhe seus sentimentos com amigos de confiança, líderes de sua igreja ou grupo de jovens. Às vezes, apenas falar sobre o que você está passando pode aliviar a carga da ansiedade.

5. **Gratidão:** Manter um diário de gratidão, escrevendo três coisas pelas quais você é grato todos os dias, pode mudar seu foco do que está causando ansiedade para as bênçãos de Deus em sua vida.

Entendendo Seus Limites

É importante reconhecer que, embora a fé seja uma ferramenta poderosa contra a ansiedade, procurar ajuda profissional é igualmente válido e necessário em muitas situações. Deus nos deu a sabedoria e os recursos para cuidarmos de nossa saúde mental, e buscar ajuda é um sinal de força, não de fraqueza.

Conclusão

Lidar com a ansiedade é um desafio, mas não é um caminho que você tem que percorrer sozinho. Sua fé é uma âncora que pode manter você firme durante as tempestades da vida. Lembre-se das promessas de Deus, das histórias de fé na Bíblia, e saiba que Ele está com você, oferecendo paz que excede todo entendimento. Quando você se sentir oprimido, volte-se para Ele, e permita que Sua presença tranquilize seu coração e sua mente.

Capítulo 17

Raabe: Na Fronteira do Coração

Num território onde as fronteiras borradas entre nações e culturas tecem um mosaico de histórias entrelaçadas, Raabe se vê num turbilhão de emoções e decisões. Trabalhando incansavelmente numa ONG dedicada à causa dos refugiados, ela encara diariamente o desafio de jogar luz sobre as sombras que a guerra lança sobre almas deslocadas, tentando reacender a esperança nos olhos daqueles que perderam tudo.

A cada amanhecer, Raabe mergulha numa maré de rostos e histórias que transbordam dos campos de refugiados, cada um marcado por uma viagem pessoal de luta e resiliência. Em meio ao desespero palpável, ela se torna uma âncora para aqueles à deriva, oferecendo não só ajuda material, mas também sua presença, uma escuta atenta e um coração aberto para acolher as dores e os sonhos despedaçados pela guerra.

A tempestade interna se intensifica quando Raabe se depara com um grupo cuja existência se entrelaça numa teia de complicadores políticos e legais, invisíveis aos olhos da ONG devido a amarras de acordos internacionais. Encarar essas almas desamparadas e não estender a mão contradiz a própria essência do porquê ela escolheu estar ali. Raabe se encontra na encruzilhada entre a lealdade à organização e a urgência de um coração que clama por justiça.

Em busca de um sopro de clareza, Raabe se refugia sob o manto da noite estrelada, longe do caos que preenche seus dias. É nessa quietude que ela se vê refletindo sobre a Raabe das escrituras, uma mulher que, diante do iminente perigo, optou por um ato de coragem e fé, cruzando as linhas do seu povo em nome de um futuro maior. Essa reflexão a confronta com o peso e a beleza da lealdade e da justiça.

Enquanto as estrelas sussurram através do silêncio, Raabe encontra ressonância em Tiago 2:26, "Assim como o corpo sem espírito está morto, também a fé sem obras está morta." Essas palavras se entrelaçam aos batimentos do seu coração, impulsionando-a a uma ação que transcende as barreiras do medo e da dúvida, uma fé ativa que se manifesta na coragem de fazer o que é certo, mesmo que o custo seja alto.

Armada com uma determinação que renova seu espírito, Raabe traça um caminho para estender sua mão àqueles invisíveis aos olhos da burocracia, navegando pelas restrições da ONG em busca de um porto seguro para essas almas tempestuosas. Suas escolhas ecoam muito além dos limites da organização, trazendo uma paz que só é encontrada na certeza de ter colocado o bem-estar da humanidade acima de tudo isso.

Questões para mergulhar fundo:

1. Onde você traça a linha entre a fidelidade e as estruturas e o chamado do que é intrinsecamente justo?

2. Como sua fé e convicções podem ser faróis em momentos de escolhas difíceis?

3. Qual o impacto de priorizar a justiça em detrimento da lealdade, tanto para você quanto para o mundo ao seu redor?

A odisseia de Raabe nos desafia a refletir sobre o labirinto de dilemas morais que encontramos, lembrando-nos que, às vezes, o ato mais revolucionário é alinhar nossos passos aos valores que ressoam em nossas almas, mesmo que isso signifique dançar contra a maré das convenções.

O QUE EU TENHO A VER COM ISSO?

Lidando com Lealdade versus Fazer o que é Correto: Um Desafio Cristão

Navegar pela adolescência é como estar numa longa jornada em um barco, onde cada decisão é uma onda que pode te levar em diferentes direções. Uma das ondas mais complicadas é escolher entre ser leal aos amigos e fazer o que é correto aos olhos de Deus. Às vezes, essas duas coisas parecem estar em lados opostos. Então, como você pode equilibrar lealdade com fazer o que é certo?

Entendendo Lealdade e Correção

Lealdade significa ficar ao lado de seus amigos, apoiando-os nos bons e maus momentos. Fazer o que é correto é agir de acordo com os princípios e valores que acreditamos, especialmente os ensinamentos de Cristo. O desafio surge quando um amigo quer que você faça algo que vai contra esses princípios.

O Que a Bíblia Diz?

A Bíblia está cheia de histórias sobre lealdade e fazer o que é certo. Pense em Daniel e seus amigos, que recusaram adorar a imagem do rei Nabucodonosor, escolhendo ser leais a Deus acima de tudo, mesmo enfrentando a fúria do rei e o perigo da fornalha de fogo (Daniel 3). Eles nos mostram que nossa lealdade a Deus deve vir antes da lealdade aos homens quando as duas estão em conflito.

Como Equilibrar Lealdade e Fazer o que é Correto?

1. **Ore por Sabedoria:** Peça a Deus sabedoria para saber como ser um amigo leal enquanto permanece fiel aos Seus ensinamentos. Tiago 1:5 nos encoraja a pedir sabedoria a Deus, que dá a todos que pedem generosamente.

2. **Conheça Seus Valores:** Entenda claramente quais são seus valores baseados na sua fé. Quando você sabe em que acredita, é mais fácil tomar decisões que refletem esses valores.

3. **Comunique-**se com Amor: Se um amigo pedir que você faça algo que contradiz seus valores, explique seu ponto de vista com amor e respeito. Às vezes, apenas expressar sua posição pode encorajar outros a repensar suas ações.

4. **Seja um Exemplo:** Viver de acordo com seus valores é uma poderosa forma de testemunho. Você pode inspirar seus amigos a fazer o que é correto pelo exemplo, não apenas pelas palavras.

5. **Busque Conselhos:** Quando estiver incerto, procure conselhos de alguém em quem confia e que compartilhe de sua fé, como um líder de jovens, um pastor ou um mentor.

Lembre-se da Misericórdia

Na jornada para fazer o que é correto, lembre-se também de exercer misericórdia e compaixão. Todos nós falhamos às vezes. Assim como desejamos que Deus seja misericordioso conosco, devemos ser misericordiosos com os outros. "Sede misericordiosos, como também vosso Pai é misericordioso" (Lucas 6:36).

Conclusão

Equilibrar lealdade com fazer o que é correto é desafiador, mas não impossível. Lembre-se de que ser verdadeiramente leal a alguém também significa ajudá-lo a crescer e fazer escolhas que são boas e corretas. Às vezes, a maior prova de amizade é ter a coragem de falar a verdade em amor, mesmo quando é difícil. Com fé, oração e sabedoria, você pode navegar por estas águas turbulentas, mantendo-se fiel a Deus e sendo o tipo de amigo que Ele deseja que sejamos.

Capítulo 18

Débora: A Luz na Balança da Justiça

Em um recanto do mundo onde vales e colinas sussurram histórias antigas, numa cidade pequena que brilha como um farol de justiça e equidade, encontramos Débora. Ela é uma juíza cuja presença no tribunal é tão marcante quanto sua sabedoria e integridade. Inspirando-se na lendária Débora bíblica – uma figura de liderança, justiça e profecia numa era dominada por vozes masculinas – nossa Débora moderna se vê diante do enorme desafio de navegar e afirmar sua autoridade em um mundo ainda preso às correntes de tradições patriarcais.

Os dias de Débora começam com o raiar do sol, entre páginas de leis e casos que demandam sua atenção, preparação para audiências e momentos de profunda reflexão sobre as decisões que irá tomar. Ela dança numa corda bamba entre a força e a gentileza, guiada pelo farol de sua consciência que busca incansavelmente a justiça verdadeira. Mesmo banhada pelo respeito de seus colegas e da comunidade, Débora se depara frequentemente com as sombras do preconceito, que sutilmente tentam diminuir seu brilho e questionar sua capacidade de liderar.

Esta batalha para ser reconhecida como uma líder competente e decisiva é uma jornada repleta de obstáculos. Ela se vê obrigada a confrontar não só as vozes de desdém nos corredores do tribunal, mas também o eco de dúvida que às vezes surge até de onde menos espera. Cada comentário depreciativo, cada olhar subestimado é um teste à sua fortaleza e à sua dedicação aos ideais de justiça e paridade.

Em seus momentos de solitude, Débora busca refúgio e claridade, permitindo que a paz desses instantes a reconecte com sua missão. Inspirando-se na Débora das escrituras, ela reflete sobre a liderança feminina que transcendeu as expectativas de sua época com coragem e determinação, desbravando caminhos e desafiando as normas estabelecidas.

Armada com a força de sua fé, Débora se ancora no versículo de Provérbios 31:26, um lembrete pulsante de que sua missão vai além de proferir veredictos justos; ela também é chamada a ser uma líder que emana sabedoria e bondade.

Renovada em espírito, Débora retorna ao seu papel de juíza não só pronta para encarar os desafios, mas determinada a ser uma ponte para uma sociedade mais justa e igualitária. Seu exemplo começa a erodir as barreiras do preconceito, acendendo uma chama de inspiração em corações por toda a comunidade, provando que a verdadeira liderança é um mosaico de coragem, sabedoria e compaixão.

Reflexões para iluminar o caminho:

1. Como enfrentar e transcender os muros do preconceito em seu campo de atuação ou comunidade?

2. De que forma princípios de justiça e fé podem ser os alicerces de sua liderança, especialmente em tempos de adversidade?

3. Qual o impacto de uma liderança que mescla autoridade e compaixão na jornada rumo à igualdade e justiça?

A trajetória de Débora ressalta a força de permanecer fiel a si mesma e aos seus valores na luta por justiça e igualdade. Ensina-nos que a verdadeira liderança floresce ao desafiar os preconceitos, iluminando caminhos através do exemplo de coragem, sabedoria e um coração que vê além das barreiras.

O QUE EU TENHO A VER COM ISSO?

Liderar com Justiça e Amor

Imagina que você é o capitão de um time, o líder de um projeto de grupo, ou talvez esteja apenas tentando ajudar a guiar seus amigos por um caminho positivo. Liderar pode parecer uma grande responsabilidade, especialmente quando você quer fazer isso de uma maneira que reflita sua fé cristã. Então, como você pode liderar com justiça e amor, seguindo o exemplo de Jesus, mesmo sendo adolescente?

O Modelo de Liderança de Jesus

Jesus é o exemplo supremo de liderança justa e amorosa. Ele liderou não de um trono, mas lavando os pés de seus discípulos, mostrando que a verdadeira liderança é servir aos outros, não se colocar acima deles. Em Marcos 10:45, Jesus disse: "Pois nem mesmo o Filho do Homem veio para ser servido, mas para servir e dar a sua vida em resgate por muitos." Essa atitude de servir é a essência da liderança cristã.

Liderar com Justiça

1. **Seja Justo em Suas Decisões:** Trate todos de forma igual e imparcial. A justiça não significa tratar todos exatamente da mesma forma, mas dar a cada um o que é preciso para crescer e prosperar.

2. **Defenda o que é Certo:** Às vezes, liderar com justiça significa tomar posições difíceis em defesa da verdade e da retidão, mesmo quando não é popular.

3. **Ouça:** Um líder justo ouve atentamente as necessidades e preocupações de sua equipe ou amigos. Provérbios 18:13 adverte: "Responder antes de ouvir é estupidez e vergonha."

Liderar com Amor

1. **Mostre Compaixão:** Liderar com amor significa se importar genuinamente com as pessoas ao seu redor. Isso pode significar oferecer apoio quando alguém está lutando ou celebrar os sucessos dos outros.

2. **Encoraje:** Use suas palavras e ações para incentivar aqueles que você lidera. Hebreus 3:13 nos lembra de "encorajar uns aos outros diariamente."

3. **Perdoe:** Liderar com amor também significa estar disposto a perdoar. Isso não só ajuda a curar relacionamentos quebrados, mas também mostra a graça de Deus em ação.

Dicas Práticas para Liderar com Justiça e Amor

- **Refletir Antes de Agir:** Antes de tomar decisões, pense sobre como elas afetam todos envolvidos e se estão alinhadas com os princípios cristãos.

- **Buscar Sabedoria:** Não tenha medo de pedir conselhos a líderes ou mentores cristãos em quem você confia.

- **Orar pela Liderança:** Peça a Deus que o guie em sua liderança, para que você possa refletir Seu amor e justiça em todas as suas ações.

- **Estabelecer um Exemplo:** Lembre-se de que a melhor maneira de liderar é pelo exemplo. Viva de acordo com os valores que você deseja promover em seu grupo ou equipe.

Conclusão

Liderar com justiça e amor pode parecer um desafio, mas é incrivelmente recompensador. Ao seguir o exemplo de Jesus, você pode fazer uma diferença real na vida das pessoas ao seu redor e refletir a luz de Deus no mundo. Lembre-se, liderança não é sobre poder, mas sobre servir aos outros e guiá-los com compaixão, justiça e amor. Mesmo sendo jovem, você tem a capacidade de ser um líder poderoso, moldando o futuro de uma maneira que honra a Deus.

Capítulo 19

Gideão - Desbravando a Arena da Liderança

Imagine um colégio onde o espírito esportivo pulsa tão forte quanto o coração dos atletas em jogo, um lugar onde tradições se entrelaçam com a paixão pelo basquete. É aqui que Gideão, um jogador estelar com talento indiscutível, é catapultado para o centro do palco como o novo capitão do time de basquete. Inspirado no valor e na liderança de Gideão, o guerreiro bíblico que enfrentou desafios imensos com coragem, nosso herói contemporâneo se vê diante de seus próprios leviatãs: a tempestade de dúvidas sobre sua capacidade de liderar e o desafio de unir seu time sob a bandeira da vitória.

Ser escolhido para liderar não é apenas uma questão de carregar a bola pela quadra; é sobre acender a chama da confiança e da motivação em seus colegas, especialmente nos momentos que testam sua fibra até o limite. Essa transição de uma estrela do jogo para o comandante da equipe carrega o peso do mundo, transformando cada driblada, cada arremesso, em um julgamento de sua capacidade de guiar.

A ascensão de Gideão ao papel de capitão mergulha numa maré de opiniões divididas. As ondas de ceticismo não vêm apenas dos bancos de reserva, mas também do seu íntimo, sussurrando perguntas que ameaçam afogá-lo em um mar de incertezas. "Será que sou realmente capaz?" Essa questão se torna sua sombra, perseguindo-o pelos corredores da escola e invadindo seus sonhos, ameaçando seu brilho e sua performance.

Em sua busca por solidez diante da tempestade, Gideão não tem montanhas para se isolar, mas encontra refúgio e inspiração no legado dos que carregaram a tocha da liderança antes dele. As paredes do ginásio, adornadas com as glórias do passado, servem como um farol, guiando-o através das névoas da dúvida, mostrando que medo e insegurança são companheiros de viagem de todos os grandes líderes.

Num momento de reflexão, após um treino que testou os limites de sua alma, Gideão se volta para a história de seu homônimo bíblico, especialmente àquela passagem em que, diante do medo, a voz divina o chama à grandeza. "O Senhor está contigo, valente guerreiro." Palavras que, mesmo ecos de uma era distante, falam diretamente ao seu coração, lembrando-o de que coragem verdadeira não é nunca temer, mas enfrentar o medo de frente.

Com essa nova compreensão, Gideão abraça seu papel com um espírito rejuvenescido. Ele começa a tecer sua insegurança na tapeçaria de seu crescimento, vendo cada questionamento como uma chance de fortalecer os laços com sua equipe, de aprender, de evoluir e, acima de tudo, de liderar não só com palavras, mas com ações.

Reflexões para quem está no jogo:

1. Como transformar as correntezas de insegurança e medo do desconhecido em aliados na sua jornada de liderança?

2. De que forma as histórias de líderes que pisaram na quadra antes de você podem iluminar seu caminho e fortalecer seu espírito?

3. Como os princípios de coragem, fé e perseverança podem ser o grito de guerra que te guia através das dúvidas sobre sua capacidade de liderar?

A saga de Gideão é um convite para mergulhar de cabeça nos desafios da liderança, entendendo que enfrentar as próprias inseguranças é o primeiro passo para unir um time em busca de vitórias memoráveis. Ele nos ensina que liderar é muito mais do que estar à frente; é sobre traçar um caminho que outros se sintam inspirados a seguir, transformando os obstáculos em degraus para um triunfo coletivo.

O QUE EU TENHO A VER COM ISSO?

Lidar com a Insegurança em Liderar

Em uma era onde todos parecem ter uma voz nas redes sociais, influenciar pode parecer um campo minado, especialmente quando você está tentando alinhar sua influência com sua fé. Talvez você se pergunte: "Eu tenho o que é preciso?" ou "E se eu falhar?" Essas inseguranças são comuns, mas vamos explorar como você pode superá-las e usar sua voz de uma maneira que honre a Deus.

Reconhecendo Sua Insegurança

O primeiro passo para lidar com a insegurança é reconhecê-la. A insegurança muitas vezes vem do medo de não ser bom o suficiente ou do que os outros vão pensar. É importante lembrar que todos enfrentam inseguranças, mesmo aqueles que parecem ter tudo sob controle.

O que Deus Diz Sobre Insegurança?

Deus sabe que enfrentaremos inseguranças, mas Ele nos lembra de nossa identidade e valor Nele. Em 2 Timóteo 1:7, somos lembrados de que "Deus não nos deu espírito de medo, mas de poder, de amor e de uma mente sã." Isso significa que, mesmo diante das inseguranças, temos em nós a força, o amor e a sabedoria que vêm de Deus para superá-las.

1. **Conheça Seu Valor em Deus:** Antes de tentar influenciar os outros, é crucial que você entenda seu próprio valor aos olhos de Deus. Você é amado, valorizado e tem um propósito. Isso não depende do número de curtidas, compartilhamentos ou seguidores que você tem.

2. **Mantenha Sua Integridade:** Em um mundo onde muitos comprometem seus valores por atenção, manter-se fiel aos princípios cristãos é uma forma poderosa de influência. Seja autêntico em sua fé e deixe que ela guie suas ações e palavras.

3. **Use Sua Voz para o Bem:** Sua influência pode ser uma ferramenta incrível para espalhar amor, encorajamento e verdades bíblicas. Seja através de um post, uma conversa ou simplesmente pelo exemplo, você pode ser uma luz em lugares que precisam da esperança de Cristo.

4. **Aceite que Você Vai Cometer Erros:** Ninguém é perfeito, e cometer erros faz parte do crescimento. O que importa é como você lida com esses erros - admitindo, aprendendo e seguindo em frente. Deus usa nossos erros e inseguranças para nos ensinar e moldar.

5. **Busque Comunidade e Conselho:** Compartilhe suas inseguranças com amigos cristãos confiáveis, líderes ou mentores. Eles podem oferecer suporte, oração e orientação baseada em suas próprias experiências e na sabedoria da Palavra de Deus.

Lembre-se da Força que Você Tem em Cristo

Quando as inseguranças sobre influenciar se tornarem esmagadoras, lembre-se da força que você tem em Cristo. Filipenses 4:13 diz: "Tudo posso naquele que me fortalece." Não é por nossa força, mas pela Dele, que podemos enfrentar nossas inseguranças e usar nossa influência de maneira significativa.

Conclusão

Lidar com a insegurança em influenciar é uma jornada, mas não é uma que você precisa fazer sozinho. Deus está com você, oferecendo Sua força, amor e sabedoria a cada passo do caminho. Ao confiar Nele e reconhecer seu valor em Cristo, você pode usar sua influência para fazer uma diferença positiva, mostrando ao mundo a beleza da vida vivida em fé.

Capítulo 20

Sansão: Entre o Brilho e o Caos da Fama

Imagina só, você no centro dos holofotes, onde cada passo é acompanhado por flashes e cada tropeço vira manchete. É nesse mundo de altos e baixos que Sansão, um astro do cinema aclamado em todo o globo, navega pelas ondas gigantes de sua vida cheia de adrenalina. Ele é meio que a versão moderna daquele Sansão da Bíblia, sabe? Aquele cara superforte, mas que acabou tropeçando nas próprias escolhas. Nosso Sansão de hoje também está nessa luta constante para equilibrar a fama luminosa com os vendavais internos que enfrenta.

A vida desse cara é tipo uma montanha-russa sem fim, ziguezagueando entre sets de filmagem ultrassecretos, festas de arromba onde todo mundo quer ser visto e aqueles momentos de solidão num casarão que, apesar de incrível, parece mais um castelo fantasma na maioria das vezes. Apesar de ter uma legião de fãs e ser o queridinho dos diretores de Hollywood, Sansão vive se enroscando em escândalos que, vamos ser sinceros, muitas vezes são criação dele mesmo – desde amores que queimam rápido como papel até tretas que tomam conta das redes sociais.

Cada escolha no calor do momento e cada explosão de temperamento jogam mais sombra no caminho já complicado de Sansão. A mídia cai em cima, e as consequências dessas escolhas, tanto na vida pessoal quanto na profissional, dão um tapa na cara dele com a real: o maior vilão da história pode ser ele mesmo. Dominar essas ondas impulsivas e escapar do ciclo de autodestruição vira o desafio do dia a dia.

Raras são as vezes que Sansão para pra realmente olhar pra dentro, mas uma roubada das grandes o joga num exílio self-service, e é aí que o bicho começa a pegar pra valer. Ele começa a ver sua vida como um espelho daquela história antiga do Sansão bíblico, principalmente a mania de deixar paixões e sede de vingança ditar o ritmo.

Nessa busca por se encontrar de novo, nosso Sansão mergulha fundo na história do seu homônimo, focando naquela virada épica do Sansão original e sua reconexão com o divino. Ele tropeça num versículo que fala: “Melhor é ter paciência do que ser bravo, melhor é controlar o espírito do que conquistar uma cidade”. Essas palavras viram tipo um farol pra ele, apontando pra necessidade de se ligar nas verdadeiras fontes de poder.

Renascer das cinzas, Sansão decide voltar pra vida aos olhos do público, mas dessa vez com uma vibe renovada. Ele promete usar seu estrelato pra iluminar causas nobres, mantendo ao mesmo tempo uma rédea firme nas suas tendências impulsivas, sacando que o poder de verdade tá na habilidade de vencer suas próprias sombras e moldar seu futuro.

Pra galera jovem refletir:

1. Como você faz pra perceber e segurar a onda dos impulsos que podem te jogar em roubadas?

2. De que forma dar uma pausa pra pensar nas suas atitudes e nos efeitos delas te ajuda a escolher melhor seus caminhos?

3. Como achar um propósito maior pode mudar totalmente seu jogo na hora de encarar os perrengues, seja na sua vida pessoal ou na vitrine pública?

A saga de Sansão é um toque pra galera que, mesmo sob a pressão e as iscas da fama e do sucesso, dá pra achar um caminho iluminado através de autoconhecimento, uma virada de chave interna e a transformação de verdade. Ele mostra que a força real vem não de dominar os outros, mas de conquistar a si mesmo e pilotar as escolhas que desenham nosso destino.

O QUE EU TENHO A VER COM ISSO?

Lidando com Impulsos e Exageros

Na vida, às vezes parece que a vida é um cabo de guerra entre o que queremos fazer no momento e o que sabemos que deveríamos fazer. Impulsos e exageros podem ser tentadores, especialmente quando tudo ao seu redor parece incentivar você a "aproveitar o momento" sem pensar nas consequências. Como cristão, você busca viver de maneira que reflita seus valores, mas isso não significa que é imune a essas pressões. Então, como lidar com impulsos e exageros de uma forma que honre a Deus?

Reconhecendo os Desafios

Primeiro, é importante reconhecer que ser tentado não é um sinal de fraqueza na fé; é uma parte normal da experiência humana. Jesus mesmo foi tentado, o que nos mostra que enfrentar tentações é uma parte da vida. O que importa é como respondemos a essas tentações.

A Sabedoria da Palavra

A Bíblia oferece sabedoria abundante sobre como lidar com impulsos e exageros. Provérbios 25:28 diz: "Como a cidade cujos muros são derrubados, assim é quem não tem domínio próprio." Ter autocontrole é como ter muros de proteção ao redor do seu coração e mente, guardando você de decisões impulsivas que podem levar a consequências negativas.

Passos para Gerenciar Impulsos e Exageros

1. **Pare e Pense:** Antes de agir por impulso, dê a si mesmo uma pausa para pensar nas possíveis consequências de suas ações. Pergunte-se: "Isso me aproxima ou me afasta de Deus? Como me sentirei sobre isso amanhã?"

2. **Ore por Orientação:** Quando se sentir tentado a exagerar ou agir impulsivamente, ore por sabedoria e força. Deus está sempre pronto a nos guiar e fortalecer em momentos de indecisão.

3. **Estabeleça Limites Saudáveis:** Conheça seus limites e estabeleça barreiras saudáveis para si mesmo. Isso pode significar evitar certas situações que você sabe que vão tentá-lo a fazer escolhas ruins.

4. **Procure Conselhos Sábios:** Converse com líderes de jovens, mentores ou amigos cristãos que você respeita. Eles podem oferecer perspectivas valiosas e encorajamento baseados em sua própria caminhada com Deus.

5. **Lembre-se do Seu Valor em Cristo:** Suas decisões devem refletir quem você é em Cristo. Lembre-se de que você foi comprado por um preço alto e é amado imensuravelmente por Deus (1 Coríntios 6:20).

Encontrando Força na Comunidade

Além do suporte pessoal em sua jornada de fé, a comunidade cristã pode ser uma fonte de força e encorajamento. Hebreus 10:24-25 nos encoraja a considerar como podemos incentivar uns aos outros ao amor e às boas obras, não deixando de nos reunir. Estar cercado por uma comunidade de fé pode ajudar a mantê-lo no caminho certo.

Conclusão

Lidar com impulsos e exageros é desafiador, mas com a orientação de Deus, autocontrole e o apoio da comunidade de fé, é possível fazer escolhas que honrem a Deus e reflitam seus valores cristãos. Cada decisão que você toma molda a pessoa que você está se tornando. Escolha agir com sabedoria e moderação.

Capítulo 21

Rute: Entre Novos Horizontes e Raízes Profundas

Imagina só, você está mergulhado em um mundo gigantesco, onde cada esquina é uma descoberta, cada rosto uma nova história. É nesse caldeirão de culturas e possibilidades que Rute, uma adolescente com uma bagagem cultural única, decide plantar suas sementes em solo desconhecido. Ela é como uma daquelas heroínas de histórias épicas, só que sua aventura é real e acontece num mundo globalizado, onde as fronteiras se misturam e o novo se encontra com o antigo.

Rute é tipo uma viajante entre mundos. Ela vem de longe, trazendo na mala não só roupas, mas um tesouro de tradições, memórias e uma essência que é só dela. É como se ela tivesse saído diretamente de um conto épico, inspirada pela Rute bíblica que, por amor e lealdade, embarcou numa jornada rumo ao desconhecido, escolhendo um novo destino e fé ao lado de Noemi. Nossa Rute moderna enfrenta o desafio titânico de manter suas raízes vivas enquanto estica suas asas para explorar novos horizontes.

Seu dia a dia é uma mistura de labuta e aprendizado. Rute mergulha de cabeça no trabalho numa lojinha charmosa de artesanato, onde cada peça conta um pedaço da história de onde ela veio. É lá que ela tenta tecer uma ponte entre seu mundo e o novo que a cerca. Fora isso, ela encara o desafio heroico das aulas de idioma, ferramenta essencial para decifrar e se entrelaçar na teia cultural ao seu redor.

Apesar da saudade que às vezes pesa como uma armadura, Rute é resiliente. Ela se lança em eventos comunitários e grupos de apoio para imigrantes, construindo sua fortaleza e encontrando seu lugar neste novo mundo.

Equilibrando-se na Corda Bamba da Adaptação, a jornada de Rute é marcada por altos e baixos, momentos em que a solidão e a dúvida surgem como dragões a serem enfrentados. Ela se pergunta se fez a escolha certa, se o preço da aventura não foi alto demais. Buscando equilibrar a preservação de seu rico passado com a absorção de novas experiências, Rute enfrenta o dilema de manter-se fiel às suas raízes sem deixar de abraçar as oportunidades que seu novo mundo oferece.

Em busca de inspiração e conforto, Rute encontra refúgio nas histórias contadas por sua avó, principalmente na saga de Rute bíblica. Ela reflete sobre a coragem e a fé necessárias para dar um passo tão gigantesco em direção ao desconhecido. Essas histórias alimentam sua alma, fortalecendo sua determinação de construir pontes, não muros, entre sua herança cultural e sua nova comunidade.

Com o tempo, a perspectiva de Rute se transforma. Ela começa a entender que sua jornada não é sobre perda, mas sobre expansão. Ela aprende que fidelidade aos seus amados e a preservação de suas raízes são alicerce para florescer em um novo jardim, repleto de diversidade e compreensão.

Refletindo Sobre a Jornada

1. Como você pode ser um pioneiro de sua própria história, honrando suas raízes enquanto desbrava novos mundos?

2. De que maneira a fé e os valores passados de geração em geração podem ser seu farol em momentos de mudança?

3. Como a experiência de mergulhar em uma nova cultura pode enriquecer sua noção de lealdade e pertencimento?

A saga de Rute nos ensina a força que reside na vulnerabilidade, a bravura necessária para recomeçar e a arte de tecer novas conexões sem desfazer os laços antigos. Ela nos mostra que, apesar dos desafios da adaptação e da saudade, é possível pintar uma vida cheia de cores e significados, permanecendo fiéis a nós mesmos e às nossas origens.

O QUE EU TENHO A VER COM ISSO?

Lidar com Pertencimento e Mudanças

A adolescência é um mar de mudanças: escolas novas, amizades que se transformam, e aquela sensação constante de estar tentando descobrir onde você se encaixa. Nesse turbilhão, buscar um sentido de pertencimento pode parecer uma tarefa árdua. Como você navega por essas águas, mantendo sua fé como bússola? Vamos mergulhar nisso juntos.

Entendendo Pertencimento e Mudanças

Pertencimento é sentir-se parte de algo maior do que si mesmo, seja uma comunidade, um grupo de amigos, ou uma causa. Mudanças, por outro lado, são inevitáveis e fazem parte do crescimento. Enquanto você muda, seus círculos de amizade e interesses também podem mudar, e isso é natural. No entanto, em meio a essas mudanças, Deus oferece um senso de pertencimento constante e inabalável.

Enraizando-se em Deus

Quando as ondas da mudança parecem te puxar para longe de um senso de pertencimento, lembre-se de que Deus é o seu ancoradouro. Em Efésios 2:19, Paulo nos lembra que "Consequentemente, vocês já não são mais estrangeiros e forasteiros, mas concidadãos dos santos e membros da família de Deus." Isso significa que, não importa quão deslocado você se sinta, você sempre tem um lugar na família de Deus.

Encontrando Comunidade

1. **Comunidade de Fé:** Envolva-se com um grupo de jovens ou atividades da igreja. Estar rodeado por pessoas que compartilham sua fé pode oferecer um senso de pertencimento e apoio.
2. **Seja Autêntico:** Em qualquer ambiente, seja fiel a quem você é e ao que acredita. Isso atrairá pessoas com valores e interesses semelhantes, criando laços genuínos.
3. **Sirva aos Outros:** Jesus nos mostrou que servir é uma das formas mais profundas de pertencer. Ao olhar para as necessidades dos outros, encontramos nosso lugar e propósito dentro da comunidade.

Navegando por Mudanças com Fé

Mudanças podem ser assustadoras, mas também são oportunidades de crescimento e aprendizado. Lembre-se de Josué 1:9, onde Deus encoraja Josué com as palavras: "Seja forte e corajoso! Não se apavore nem desanime, pois o Senhor, o seu Deus, estará com você por onde você andar." Deus está com você em cada nova etapa, guiando e fortalecendo sua caminhada.

Estratégias para Mudanças

1. **Confie em Deus:** Nas transições da vida, confie que Deus está cuidando de você e que Ele tem um plano para sua vida.

2. **Mantenha a Comunicação com Deus:** A oração é uma ferramenta poderosa para navegar por mudanças. Converse com Deus sobre seus medos e esperanças.

3. **Procure Orientação e Apoio:** Não hesite em buscar conselho de líderes de fé, mentores ou familiares. Eles podem oferecer perspectivas valiosas e apoio emocional.

Conclusão

Encontrar um sentido de pertencimento em meio a mudanças é um desafio, especialmente durante a adolescência. No entanto, ao se enraizar na fé e na comunidade cristã, você descobrirá que o pertencimento verdadeiro vem de saber que você é parte da família de Deus. As mudanças são parte da jornada, e com Deus ao seu lado, você pode navegar por elas com confiança, crescendo em fé e caráter a cada passo do caminho.

Capítulo 22
Boaz: Generosidade

Imagina uma cidade vibrante, cheia de vida, cores e sonhos, mas também repleta de desafios e histórias não contadas. É nesse cenário que Boaz entra em cena, não como um super-herói de capa, mas como um verdadeiro guerreiro da generosidade, armado com coração gigante e vontade de ferro. Herdando uma fortuna que poderia facilmente transformá-lo em mais um playboy da metrópole, Boaz escolhe um caminho menos percorrido: tornar-se um farol de esperança para imigrantes e refugiados que, assim como a corajosa Rute de tempos antigos, atravessam mares e desertos em busca de uma nova vida.

Boaz não é do tipo que fica sentado em seu castelo de vidro; ele mergulha de cabeça no mundo real, onde a luta por um futuro melhor é diária e intensa. Ele lidera uma fundação que não só joga uma tábua de salvação para aqueles tentando escapar das tempestades da vida, oferecendo serviços jurídicos, educacionais e de saúde, mas também se envolve pessoalmente em projetos comunitários. Cada dia para ele é uma jornada épica, cheia de reuniões com líderes que podem fazer a diferença, visitas a locais que oferecem um refúgio seguro e o planejamento de campanhas que buscam tocar corações e mentes.

Por mais que Boaz esteja comprometido e seja movido por uma paixão incendiária, ele se depara com dragões formidáveis no caminho: a burocracia labiríntica que aprisiona esperanças e a frieza de corações que se recusam a ver o humano no estrangeiro. Estes obstáculos testam não apenas sua determinação, mas também sua fé na capacidade da humanidade de ser melhor.

Nos momentos de tempestade, Boaz encontra seu farol na história de seus ancestrais bíblicos, em especial na relação generosa e justa de Boaz com Rute, a estrangeira. Essa história não só o inspira a estender a mão na ajuda imediata, mas também a trabalhar por uma mudança profunda que assegure um lugar ao sol para todos, independentemente de onde vieram.

Em seus momentos de reflexão e busca por forças, Boaz se volta para ensinamentos antigos, como o de Levítico 19:34, que lhe recorda a importância divina de acolher e amar o estrangeiro como a si mesmo. Essas palavras reacendem sua missão com uma chama ainda mais brilhante, impulsionando-o a lutar não só pelo alívio das dores imediatas desses viajantes da vida, mas pela transformação de um sistema que muitas vezes os ignora.

Renovado em seu espírito, Boaz eleva seus esforços a novos patamares, visando não apenas tocar vidas individualmente, mas fomentar uma onda de mudança que receba e celebre a riqueza que a diversidade traz. Sua dedicação se torna uma inspiração, chamando outros a se juntarem à dança da generosidade.

Questões para navegar

1. Como você pode ser um farol para aqueles que precisam, usando o que tem para fazer a diferença?
2. De que forma suas crenças e valores podem ancorar seu compromisso em tornar o mundo um lugar mais acolhedor?
3. Qual é o poder da inclusão e do suporte a pessoas de diferentes culturas em transformar sua comunidade?

A saga de Boaz nos ensina a força transformadora da generosidade e do amor ao próximo. Mostra que, com coração aberto e mãos estendidas, podemos derribar muros de indiferença e construir pontes de compreensão e solidariedade, criando um mundo onde todos têm seu valor reconhecido e seu lugar assegurado.

O QUE EU TENHO A VER COM ISSO?

Generosidade e Amor ao Próximo: Vivendo a Fé na Prática

Ser jovem ou adolescente é estar numa fase incrível da vida, onde você está descobrindo quem você é e o impacto que pode ter no mundo. No coração da fé cristã, estão os conceitos de generosidade e amor ao próximo, mas o que isso realmente significa para você?

O Que Significa Ser Generoso?

Generosidade vai muito além de apenas compartilhar coisas materiais. É sobre a disposição de oferecer tempo, atenção, e cuidado para os outros, sem esperar nada em troca. Trata-se de ver as necessidades ao seu redor e agir para ajudar, seja oferecendo uma palavra amiga, ajudando com tarefas ou compartilhando recursos com quem precisa.

Por Que Amar o Próximo?

Jesus disse que o segundo maior mandamento, logo após amar a Deus sobre todas as coisas, é "Amarás o teu próximo como a ti mesmo" (Marcos 12:31). Isso significa tratar os outros com a mesma compaixão, respeito e cuidado que gostaríamos de receber. Amar o próximo é um reflexo do amor de Deus por nós: um amor que é incondicional, sacrificial e sempre presente.

Generosidade e Amor na Prática

Pequenos Atos Importam:

Generosidade pode ser expressa em pequenos gestos, como ajudar um colega com dificuldades na escola, ouvir um amigo que está passando por um momento difícil, ou simplesmente oferecer seu lugar a alguém no ônibus.

Use Seus Talentos para Servir:

Deus deu a cada um de nós talentos e habilidades únicos. Pense em como você pode usar os seus para beneficiar os outros. Se você é bom em música, que tal tocar em um asilo? Se gosta de esportes, que tal ensinar crianças em uma comunidade carente?

Doações e Voluntariado:

Participar de ações de caridade ou voluntariado em organizações locais são maneiras práticas de demonstrar generosidade. Mesmo que você não tenha muito dinheiro para doar, seu tempo e energia são igualmente valiosos.

Espalhe Gentileza:

Às vezes, a generosidade é tão simples quanto ser gentil. Um sorriso, um elogio sincero ou um ato de bondade inesperado podem fazer uma grande diferença no dia de alguém.

Desafios e Recompensas

Ser generoso e amoroso em um mundo que muitas vezes valoriza o individualismo e o sucesso pessoal acima de tudo pode ser desafiador. Você pode encontrar resistência ou mesmo ingratidão. No entanto, as recompensas - sentir a alegria que vem de dar, ver o impacto positivo que seus atos têm sobre os outros, e crescer em seu relacionamento com Deus - superam em muito os desafios.

Lembre-se da Fonte do Amor

Quando a generosidade e o amor ao próximo parecerem difíceis, lembre-se de onde vem a sua capacidade de amar: "Nós amamos porque ele nos amou primeiro" (1 João 4:19). O amor e a generosidade de Deus por nós são a fonte de onde podemos tirar forças para amar e ser generosos com os outros.

Conclusão

Generosidade e amor ao próximo não são apenas ideias bonitas; são ações concretas que refletem a luz de Cristo em um mundo que desesperadamente precisa dela. Ao escolher viver generosamente e com amor, você está fazendo mais do que apenas ajudar os outros; você está vivendo sua fé de uma maneira autêntica e poderosa, fazendo a diferença real no mundo ao seu redor.

Capítulo 23

Samuel: Entre Convicções e Concessões

Imagine um mundo onde cada escolha pode virar uma batalha épica entre o velho e o novo, onde tradição e modernidade se chocam em um espetáculo vibrante de ideias e ideais. Nesse palco agitado, Samuel é um líder religioso cuja influência ultrapassa as paredes de qualquer templo, conhecido por sua ética afiada como lâmina e uma devoção ardente à sua fé.

Samuel está preso em um turbilhão de vozes que clamam por mudança, desafiando os pilares tradicionais que sustentam suas crenças. Inspirado pela figura bíblica que liderou Israel em um tempo de grandes transformações, nosso herói moderno enfrenta o mesmo dilema: como balancear a fidelidade aos ensinos divinos com as necessidades gritantes de sua comunidade vibrante e diversificada?

Cada dia para ele começa com um mergulho profundo em estudos e orações, buscando nas palavras de Deus a sabedoria necessária para guiar seu povo. Mas Samuel faz mais do que pregar; ele é uma força ativa na educação, no apoio social e no atendimento direto às pessoas que batem à porta de seu escritório, cada uma carregando suas próprias histórias e esperanças.

A demanda por modernização das práticas e aceitação de novas ideias que parecem contradizer suas crenças pessoais coloca Samuel em um estado de reflexão constante. As pressões vêm de todos os lados: alguns membros de sua comunidade pedem mudanças que acreditam ser cruciais para manter a fé relevante no mundo moderno, enquanto outros defendem com unhas e dentes a tradição.

No olho desse furacão de expectativas, Samuel busca refúgio em seu escritório, cercado por textos sagrados e ponderações de teólogos de eras passadas e presentes. Ali, ele se conecta com o papel do Samuel bíblico, admirando sua habilidade de escutar tanto a voz divina quanto os anseios do povo, e busca uma via que respeite ambos.

Durante sua busca por clareza, Samuel se depara com a passagem de Miqueias 6:8, que ressoa como um chamado ao seu coração: “Ele te declarou, ó homem, o que é bom; e que é o que o Senhor pede de ti, senão que pratiques a justiça, e ames a misericórdia, e andes humildemente com o teu Deus?” Essas palavras se tornam seu farol, lembrando-o de que no cerne de sua missão sempre deve estar a justiça, a compaixão e a humildade.

Equipado com essa nova compreensão, Samuel inicia um diálogo mais aberto com sua comunidade, compartilhando suas preocupações e ouvindo atentamente as dos outros. Ele se esforça para ser uma ponte entre mundos, reconhecendo que liderar é tanto manter-se firme em suas convicções quanto estar disposto a entender e, quando possível, integrar essas crenças às necessidades de seu povo.

Perguntas para a Galera Refletir:

1. Como você pode equilibrar seus valores pessoais enquanto responde às expectativas da sociedade?

2. De que maneira a conversa aberta e a compreensão mútua podem ajudar a resolver conflitos de valores?

3. Qual deve ser o papel da liderança religiosa em fomentar justiça, compaixão e humildade no mundo de hoje?

A jornada de Samuel nos revela os desafios de liderar com integridade em tempos de mudança. Ele nos ensina que a verdadeira liderança demanda não só a coragem de permanecer fiel a si mesmo, mas também a sabedoria para escutar e, quando necessário, se adaptar às esperanças e necessidades daqueles que lidera.

O QUE EU TENHO A VER COM ISSO?

Lidando com Valores Pessoais versus Expectativas Sociais:

Na vida de um adolescente cristão, encontrar o equilíbrio entre manter seus valores pessoais e responder às expectativas da sociedade pode parecer estar em uma corda bamba. Vamos falar sobre como você pode navegar por essas águas, mantendo sua fé e integridade intactas, enquanto se adapta ao mundo ao seu redor.

1. Conheça Seus Valores

Primeiro, é crucial saber o que você realmente acredita. Como cristão, seus valores provavelmente se baseiam nos ensinamentos da Bíblia, como amor, justiça, compaixão e integridade. Passar tempo na leitura da Bíblia, na oração e em discussões com mentores ou amigos que compartilham de sua fé pode ajudar a fortalecer suas convicções e entender como elas se aplicam às situações cotidianas.

2. Ouça e Entenda os Outros

Entender as perspectivas dos outros não significa que você tem que concordar com elas. No entanto, ouvir atentamente e tentar compreender por que as pessoas veem as coisas de maneira diferente pode ajudar a encontrar pontos em comum e a responder de maneira respeitosa e informada. Lembre-se do ensinamento de Tiago 1:19: "Todo homem seja pronto para ouvir, tardio para falar, tardio para se irar".

3. Seja um Exemplo de Amor e Respeito

Como seguidor de Cristo, uma das suas maiores testemunhas é como você trata os outros. Mesmo quando as opiniões divergem fortemente das suas, mostrar amor e respeito pode abrir portas para conversas mais profundas e significativas. Jesus nos ensinou a amar até nossos inimigos, um princípio que pode ser desafiador, mas poderoso em construir pontes em vez de barreiras.

4. Escolha Suas Batalhas

Algumas questões valem a pena defender a qualquer custo, enquanto outras podem não ser tão cruciais. Avalie cada situação e decida se é uma questão central da sua fé ou uma preferência pessoal. Isso pode ajudar a determinar quando vale a pena tomar uma posição firme e quando pode ser mais sábio ser flexível.

5. Busque Sabedoria e Orientação

Nunca subestime o poder da oração e da orientação espiritual quando se trata de lidar com conflitos de valores. Provérbios 3:5-6 nos encoraja a confiar no Senhor de todo o coração e a não nos apoiarmos em nosso próprio entendimento, mas a reconhecê-lo em todos os nossos caminhos, para que Ele direcione nossos passos.

6. Envolva-se e Influencie

Como cristão, você tem a oportunidade de ser a luz em um mundo muitas vezes confuso e conflituoso. Envolva-se em atividades que promovam os valores em que você acredita de maneiras positivas e construtivas. Seja através de serviço comunitário, grupos de jovens, ou projetos de escola, use essas plataformas para expressar sua fé de maneiras que respeitem as crenças dos outros, mas que também permaneçam fiéis às suas.

Manter seus valores cristãos enquanto responde às expectativas da sociedade não é uma tarefa fácil, mas é uma jornada que pode ser incrivelmente enriquecedora e transformadora. Com fé, sabedoria e coragem, você pode navegar neste caminho complexo, mostrando ao mundo a beleza e a profundidade da vida guiada por Cristo.

Capítulo 24
Saul: Rivalidade

Imagine-se como Saul, o CEO de uma empresa revolucionária no setor de tecnologia, que se vê diante de uma tempestade emocional. Seu mundo, até então estável, começa a balançar com a chegada de Davi, um jovem prodígio cujas ideias brilhantes começam a eclipsar as suas próprias. Como no drama do rei bíblico Saul, cuja inveja por Davi desencadeou sua própria queda, nosso protagonista moderno se vê em uma batalha interna para gerenciar suas inseguranças e a crescente rivalidade, tudo enquanto luta para manter sua empresa na crista da onda do sucesso.

Os dias de Saul são uma verdadeira maratona de estratégia, análises de mercado e sessões intensas de mentoria com sua equipe. Apesar de um passado recheado de triunfos e do respeito que conquistou, ele se percebe cada vez mais obcecado pela ascensão estelar de Davi. Vê-lo brilhar começa a parecer não apenas uma ameaça ao seu trono, mas ao legado que pretende construir.

A inveja que Saul sente não nasce apenas do ego; ela é alimentada por um medo profundo de perder o controle sobre o império que edificou e por uma dúvida corrosiva sobre sua própria relevância em um mundo que idolatra a inovação. Essa tempestade é intensificada pela pressão constante por resultados extraordinários e pelo pavor de ser eclipsado por seus rivais.

Envolto em solidão, Saul luta com seus demônios internos, temendo que sua vulnerabilidade se torne conhecida. Em momentos de introspecção, ele questiona se suas manobras, movidas pela inveja e pelo desejo ardente de superar Davi, estão minando não só a si mesmo, mas também a saúde da empresa mais do que qualquer ameaça real possa representar.

No meio dessa busca por clareza, Saul se depara com a história do rei Saul bíblico, refletindo amargamente sobre como a inveja e a obsessão podem devastar o que mais valorizamos. Ele medita sobre Provérbios 14:30: “Um coração tranquilo é a vida da carne, mas a inveja é a podridão dos ossos,” e percebe a urgência de enfrentar e vencer suas sombras internas para se tornar não só um lider melhor, mas uma pessoa mais completa.

Comprometido com um crescimento pessoal profundo, Saul começa a enxergar Davi não como um rival, mas como um aliado essencial para a inovação e o avanço da empresa. Ele toma a decisiva atitude de cultivar uma relação de mentor e protegido com Davi, buscando maneiras de colaborar que beneficiem ambos, elevando a empresa e a indústria a novos patamares.

Perguntas para Refletir:

1. Como você pode transformar sentimentos de inveja e competição em trampolins para crescimento pessoal e profissional?
2. De que forma a liderança pode ser exercida para fomentar união e inovação, em vez de uma competição destrutiva?
3. Qual o impacto do reconhecimento e enfrentamento das próprias inseguranças na sua função de líder?

A trajetória de Saul é um lembrete poderoso da importância de enfrentar e superar nossas inseguranças e rivalidades internas. Ele nos mostra que, ao valorizar e aproveitar os talentos ao nosso redor, podemos transformar ameaças percebidas em alianças poderosas, promovendo um ambiente de trabalho mais colaborativo, inovador e saudável.

O QUE EU TENHO A VER COM ISSO?

Enfrentando a Inveja e a Competição:

Todos enfrentamos sentimentos de inveja e competição em algum momento. Para alguns, essas emoções podem ser ainda mais intensas devido às pressões sociais, escolares e pessoais que estão vivenciando. Como cristão, lidar com essas emoções pode ser um desafio, mas também uma oportunidade para crescer em fé e caráter.

1. Reconheça Seus Sentimentos

O primeiro passo é admitir para si mesmo que você está sentindo inveja ou sendo muito competitivo. Ignorar ou negar esses sentimentos não os fará desaparecer e pode até piorar as coisas. Lembre-se, sentir inveja ou ser competitivo não te faz uma má pessoa; são emoções humanas normais. No entanto, o que você escolhe fazer com esses sentimentos é o que realmente importa.

2. Reflita Sobre as Causas

Tente entender o que está por trás desses sentimentos. Às vezes, a inveja surge quando nos comparamos demais aos outros, especialmente nas redes sociais onde todos parecem ter vidas perfeitas. A competição pode ser impulsionada pelo desejo de ser o melhor, muitas vezes porque pensamos que nosso valor depende de nossas conquistas.

3. Volte-se para a Palavra de Deus

A Bíblia oferece muita sabedoria sobre como lidar com a inveja e a competição. Provérbios 14:30 diz: "O coração tranquilo é a vida da carne, mas a inveja é a podridão dos ossos." Isso nos lembra de buscar a paz interior e evitar o rancor que pode destruir nosso bem-estar. Em Gálatas 5:26, somos aconselhados a não sermos "vaidosos, provocando uns aos outros, invejando uns aos outros." Esses versículos nos encorajam a focar em sermos gratos pelo que temos e por quem somos em Cristo.

4. Pratique a Gratidão

A gratidão é um antídoto poderoso para a inveja. Faça uma lista das coisas pelas quais você é grato. Não se limite ao material; inclua experiências, pessoas, habilidades e oportunidades. Orar e agradecer a Deus diariamente por essas bênçãos pode mudar sua perspectiva e diminuir a necessidade de se comparar com os outros.

5. Colabore, Não Compita

Tente ver seus colegas como companheiros de equipe, não adversários. Em vez de competir, busque maneiras de colaborar e ajudar uns aos outros. Isso pode ser especialmente útil na escola ou em projetos de grupo. Trabalhar juntos pode levar a melhores resultados e a relacionamentos mais fortes.

6. Desenvolva a Humildade

A humildade é valorizada na Bíblia e é crucial no combate à inveja e à competição. Reconhecer que não somos melhores nem piores do que os outros por nossas conquistas ou falhas pode nos ajudar a manter um coração humilde. Filipenses 2:3 diz: "Nada façais por contenda ou por vanglória, mas por humildade; cada um considere os outros superiores a si mesmo."

7. Busque Apoio e Seja Apoio

Converse sobre seus sentimentos com alguém em quem confia, como um líder da igreja, um mentor, um amigo ou um membro da família. Eles podem oferecer perspectivas e conselhos valiosos. Além disso, seja um suporte para os outros que possam estar lutando com os mesmos problemas.

Enfrentar a inveja e a competição não é fácil, mas como cristão, você tem recursos e uma comunidade que podem ajudá-lo a superar esses desafios. Ao voltar-se para Deus e praticar esses passos, você pode encontrar um caminho mais pacífico e satisfatório.

Capítulo 25

Davi: Harmonias de Redenção em um Mundo de Ritmos e Reviravoltas

No pulsante mundo da música, Davi desponta como uma estrela em plena ascensão, capturando corações com sua voz marcante e um talento que não passa despercebido. Sob os holofotes e os aplausos fervorosos, no entanto, ele enfrenta batalhas internas e profundas que ecoam as histórias do rei bíblico Davi, incluindo o episódio com Bate-Seba e a subsequente queda moral. Inspirado pela trajetória de redenção do Davi bíblico, que encontrou um caminho de volta mesmo após falhas graves, nosso Davi moderno luta para equilibrar sua imagem pública brilhante com as imperfeições que o tornam dolorosamente humano, buscando a redenção em meio ao caos de sua existência acelerada.

Os dias de Davi são um turbilhão de emoções e atividades: gravações intensas, turnês emocionantes e eventos promocionais sem fim, pontuados por momentos de reflexão profunda e criação solitária. Apesar de seu sucesso estrondoso, ele é atormentado por decisões do passado que causaram dor a pessoas próximas, um reflexo sombrio do erro trágico do rei Davi com Bate-Seba e a morte de Urias.

O fardo da culpa torna-se um constante companheiro de Davi, influenciando sua música, suas relações interpessoais e sua autoimagem. A exposição pública de seus erros ameaça destruir não apenas sua carreira espetacular, mas também o respeito e o amor daqueles que ele valoriza. Sua jornada é um caminho árduo em busca de perdão, tanto divino quanto humano, e talvez ainda mais desafiador, o perdão de si mesmo.

Num momento de profunda crise, quando o peso de suas ações parece insuportável, Davi encontra consolo onde sempre encontrou verdade: na sua música. É através dela que ele começa a enfrentar suas falhas, tecendo canções que são verdadeiras confissões de sua dor, seu arrependimento e sua esperança por redenção, tentando comunicar através dos acordes o que palavras faladas não conseguem.

Refletindo sobre a história de seu homônimo bíblico, Davi volta-se especialmente para o Salmo 51, um clamor pungente por misericórdia e purificação. "Cria em mim, ó Deus, um coração puro e renova dentro de mim um espírito inabalável", ressoa como um mantra em sua alma, guiando-o em sua jornada de renovação pessoal e na busca por uma vida marcada pela verdade e pelo amor genuíno.

Ao enfrentar seus erros e se dedicar ativamente a corrigi-los, Davi começa a desbravar seu caminho para a redenção. Seus esforços para transformar e fazer o bem, tanto em sua esfera pessoal quanto através de sua arte, ajudam-no a reconstruir as pontes que havia quebrado e a restaurar a confiança que havia perdido.

Perguntas para Reflexão:

1. Como o reconhecimento dos próprios erros pode ser o primeiro passo para a redenção?

2. De que maneira a expressão artística pode facilitar o processo de arrependimento e cura emocional?

3. Qual é o papel do perdão, tanto o que oferecemos quanto o que buscamos, na reconstrução de nossa integridade?

A trajetória de Davi nos ensina que ninguém está livre de falhar, mas também que a coragem de enfrentar essas falhas, um arrependimento sincero e um compromisso com a mudança são as verdadeiras marcas de uma pessoa em busca de redenção. Ele nos mostra que, através da arte e da fé, podemos dar voz às profundezas de nossa humanidade, aprender com nossos erros e, finalmente, encontrar um caminho de volta para a luz.

O QUE EU TENHO A VER COM ISSO?

Como Enfrentar os Erros e Buscar Redenção:

Todos cometemos erros. Seja um deslize pequeno ou uma falha que parece mudar tudo, enfrentar as consequências pode ser assustador, especialmente na adolescência, uma fase cheia de desafios e descobertas. Como cristão, porém, você tem uma visão única sobre como lidar com os erros e buscar a redenção.

1. Reconheça Seus Erros

O primeiro passo para lidar com os erros é admiti-los. Isso pode ser difícil, especialmente quando tememos julgamento ou rejeição. No entanto, Provérbios 28:13 nos ensina que: "Quem esconde seus pecados não prospera, mas quem os confessa e os abandona encontra misericórdia." Ser honesto sobre seus erros não apenas abre a porta para a redenção, mas também é um passo crucial para o crescimento pessoal.

2. Peça Perdão

Depois de reconhecer seu erro, o próximo passo é pedir perdão. Isso pode ser a Deus, à pessoa que você prejudicou, ou a ambos. Pedir perdão mostra humildade e o desejo de corrigir o que foi feito. Lembre-se de 1 João 1:9: "Se confessarmos os nossos pecados, ele é fiel e justo para nos perdoar os pecados e nos purificar de toda injustiça."

3. Aprenda com Seus Erros

Cada erro é uma oportunidade de aprendizado. Pense sobre o que levou ao erro e o que você pode fazer para evitar repeti-lo no futuro. Isso pode envolver mudar alguns hábitos, tomar decisões diferentes, ou até buscar aconselhamento ou mentoria para ajudar a guiar suas ações.

4. Faça Restituição Quando Possível

Se o seu erro prejudicou alguém, veja se é possível fazer algo para corrigir o dano causado. Isso pode ser devolver algo que foi tirado, reparar um dano material, ou simplesmente oferecer seu tempo e esforço para ajudar a pessoa de alguma forma. A restituição é uma parte importante do processo de redenção porque mostra que você está disposto a fazer o que é certo, não apenas sentir-se melhor.

5. Transforme o Arrependimento em Ação

O verdadeiro arrependimento se mostra através de ações. Além de pedir perdão, procure viver de maneira que reflita seu desejo de mudança. Isso pode significar dedicar-se mais a práticas espirituais como oração, leitura da Bíblia, ou envolvimento com a comunidade cristã. Tais ações podem fortalecer seu caráter e ajudar a evitar futuros erros.

6. Acolha o Perdão e Siga em Frente

Depois de pedir perdão e fazer o que puder para corrigir seu erro, é importante aceitar que você é perdoado e permitir-se seguir em frente. Às vezes, o mais difícil é perdoar a nós mesmos, mas o texto de Romanos 8:1 nos lembra: "Portanto, agora já não há condenação para os que estão em Cristo Jesus." Viver sob a culpa pode impedir o crescimento pessoal e espiritual.

7. Compartilhe Sua Experiência

Compartilhar suas experiências, tanto os erros quanto a jornada de redenção, pode ser uma poderosa forma de testemunho. Ao abrir-se sobre suas lutas e como você as superou, você pode encorajar outros a enfrentarem suas próprias falhas e buscarem redenção.

Lidar com erros e buscar redenção são processos que fortalecem sua fé e moldam seu caráter. Como adolescente cristão, você tem muitas ferramentas e uma comunidade de fé para apoiá-lo nessa jornada. Lembre-se, cada dia é uma nova chance de viver de acordo com os valores que você acredita e de demonstrar o amor e a misericórdia que foram mostrados a você.

Capítulo 26

Salomão: Sabedoria

Dentro do dinâmico universo da inovação global e da acumulação de conhecimento, Salomão emerge como uma figura carismática e influente, liderando uma renomada organização no cruzamento entre sabedoria antiga e tecnologia avançada. Com uma inteligência que corta mais rápido que laser e uma habilidade nata para decisões estratégicas que moldam o panorama acadêmico e tecnológico, ele evoca a imagem do rei Salomão bíblico, abençoado com uma sabedoria sobrenatural, mas também atormentado pelas armadilhas de desejos e fraquezas humanas. Nosso Salomão moderno está em uma busca constante para equilibrar os ideais elevados de sua missão com os impulsos e desejos pessoais que ameaçam desviar seu curso.

Salomão divide seu tempo entre liderar projetos revolucionários, discursar em conferências de prestígio mundial e guiar mentes jovens que representam a próxima onda de pensadores e inovadores. Contudo, apesar do respeito e da admiração que conquista, ele enfrenta uma batalha interna com as tentações que acompanham o poder e o sucesso. Seu orgulho intelectual e a sedução por prazeres que desafiam seus princípios éticos começam a criar fissuras em sua armadura.

Suas decisões, embora tipicamente calcadas em lógica e sabedoria acumulada, são cada vez mais assombradas por suas contradições e desejos conflitantes. Salomão percebe que está sendo tentado a comprometer seus ideais em busca de ganhos pessoais ou de reconhecimento mais amplo, uma ressonância preocupante das falhas do rei Salomão bíblico, cujas paixões o levaram a tomar decisões questionáveis e a desviar-se de seu caminho iluminado.

Em um ponto crítico de sua carreira, Salomão se depara com uma crise profunda que o obriga a questionar o legado que deseja construir. Ele começa a perceber que sua incessante busca por conhecimento e poder pode estar obscurecendo os valores fundamentais que sempre buscou promover. Esse momento de verdade desencadeia um período intensivo de introspecção e uma busca por realinhamento com seus princípios originais.

Em sua procura por um novo rumo, Salomão redescobre os ensinamentos bíblicos, particularmente o livro de Eclesiastes, atribuído ao rei Salomão. A reflexão sobre o significado da vida, o valor da sabedoria e a futilidade das ambições humanas que permeiam esse texto, especialmente a frase "Vaidade de vaidades, diz o pregador, vaidade de vaidades! Tudo é vaidade." (Eclesiastes 1:2), serve como um potente lembrete da importância de buscar um equilíbrio entre a sede de saber e a humildade diante das limitações humanas.

Revigorado por sua jornada de autoconhecimento, Salomão se compromete a conduzir sua organização sob uma luz renovada, priorizando não somente a inovação e o intelecto, mas também a ética, a compaixão e o bem-estar coletivo. Ele reconhece que a verdadeira sabedoria não reside apenas na acumulação de conhecimento ou poder, mas na habilidade de equilibrar essas conquistas com responsabilidade e integridade moral.

Perguntas para Reflexão:

1. Como você pode buscar equilíbrio entre alcançar seus objetivos e manter seus princípios éticos intactos?

2. De que maneira a reflexão sobre os propósitos mais profundos da vida pode moldar suas escolhas e ações diárias?

3. Qual é o papel da humildade e do reconhecimento das próprias limitações na jornada em busca da verdadeira sabedoria?

A história de Salomão nos oferece uma visão profunda sobre a complexidade da natureza humana, destacando que até aqueles agraciados com imensa sabedoria e poder estão sujeitos a falhas e tentações. Ele nos lembra da importância de percorrer um caminho que honre nossas aspirações mais elevadas, quanto nossos valores mais profundos, promovendo um legado de conhecimento, ética e compreensão verdadeira.

O QUE EU TENHO A VER COM ISSO?

Alcançando Objetivos e Mantendo Princípios Éticos:

Alcançar seus objetivos é empolgante, mas fazer isso enquanto se mantém fiel aos seus princípios éticos pode ser um verdadeiro desafio, especialmente em um mundo que frequentemente valoriza o sucesso a qualquer custo. Como cristão, você é chamado a viver de acordo com valores que honram a Deus, o que significa que suas metas e a maneira como você as alcança são igualmente importantes.

1. Defina Objetivos Alinhados com Sua Fé

Comece identificando o que você deseja alcançar e pergunte-se se esses objetivos estão em harmonia com os ensinamentos cristãos. Seus sonhos e aspirações devem refletir o amor, a justiça, e a verdade que Jesus ensinou. Por exemplo, se seu objetivo é ser um líder, pense em como você pode servir e inspirar os outros, não apenas como pode se beneficiar dessa posição.

2. Busque Sabedoria e Orientação na Palavra de Deus

A Bíblia está cheia de sabedoria sobre como viver de maneira ética e alcançar objetivos de forma justa. Provérbios, por exemplo, é um livro repleto de conselhos sobre como tomar decisões sábias e justas. Antes de tomar decisões importantes que afetarão como você busca seus objetivos, dedique um tempo para orar e meditar sobre as Escrituras.

3. Mantenha a Integridade em Todas as Situações

A integridade é fundamental na vida de um cristão. Isso significa ser honesto e transparente em suas ações, mesmo quando você poderia ganhar mais sendo o contrário. Se você se deparar com um atalho para alcançar seus objetivos que envolva comprometer seus princípios, tenha a coragem de escolher o caminho mais longo, mas mais ético.

4. Use Seus Talentos para o Bem

Deus deu a cada um de nós talentos e habilidades únicas. Use esses dons não apenas para alcançar seus próprios objetivos, mas também para ajudar os outros e fazer a diferença no mundo. Isso pode significar se voluntariar, ajudar um amigo com os estudos, ou mesmo iniciar um projeto que beneficie a comunidade.

5. Seja Paciente e Perseverante

Alcançar objetivos importantes geralmente leva tempo e requer paciência e perseverança, qualidades muito valorizadas na Bíblia. Lembre-se de que Moisés liderou o povo de Israel pelo deserto por 40 anos! Quando as coisas ficarem difíceis, mantenha a fé e continue trabalhando duro, confiando que Deus está com você em cada passo do caminho.

6. Responsabilize-se e Preste Contas

É fácil desviar-se quando ninguém está olhando, por isso é importante ter alguém que possa lhe pedir contas. Pode ser um mentor, um líder da juventude, ou até um amigo de confiança. Compartilhe seus objetivos e seus métodos para alcançá-los, e permita que eles o ajudem a se manter no caminho certo.

7. Celebre as Conquistas de Forma Humilde

Quando você alcançar seus objetivos, lembre-se de onde veio sua ajuda. Agradeça a Deus pelas oportunidades e sucesso, e reconheça as pessoas que o ajudaram ao longo do caminho. A humildade irá mantê-lo fundamentado e consciente de que cada conquista é, em parte, um presente.

Alcançar seus objetivos como um jovem cristão não é apenas sobre o que você alcança, mas sobre como você vive no processo. Mantendo-se fiel aos seus princípios éticos, você não só encontrará sucesso em suas aspirações, mas também paz no seu coração, sabendo que está vivendo uma vida que agrada a Deus.

Capítulo 27

Roboão: União em Meio à Diversidade

Num cenário onde as melodias espirituais se misturam com a diversidade vibrante de vozes jovens, Roboão emerge como um líder carismático no ministério de jovens de uma igreja pulsante. Encarregado de moldar e elevar o espírito de uma equipe heterogênea, ele se esforça para ser uma fonte de inspiração e orientação. Contudo, uma escolha precipitada, feita sem pesar as variadas perspectivas e sensibilidades de sua equipe, gera fissuras profundas, ecoando o drama bíblico de seu homônimo cujas decisões apressadas fragmentaram o reino de Israel. Confrontado com o desafio de consertar os estragos de suas ações impetuosas, Roboão se lança numa jornada de redenção para reconstruir a unidade e restaurar a confiança de seu grupo.

Com grande zelo, Roboão se dedica a conceber atividades que fomentem tanto o crescimento espiritual quanto a camaradagem entre os jovens. Seu entusiasmo e dedicação são incontestáveis, mas sua inclinação a decidir unilateralmente, sem um diálogo abrangente com sua equipe e os jovens que representa, começa a gerar descontentamento. Alguns membros se sentem marginalizados, percebendo suas vozes e contribuições como subvalorizadas.

A implementação de um novo formato para os encontros do ministério, embora motivada por boas intenções, é vista como autoritária e desconectada das necessidades reais do grupo. Esse mal-entendido desencadeia uma série de ressentimentos, pegando Roboão de surpresa e deixando-o angustiado com a súbita desunião em um time que ele preza profundamente.

Isolado e sob o peso da crítica tanto de membros de sua equipe quanto da comunidade mais ampla, Roboão busca sabedoria com líderes mais experientes da igreja. Ele mergulha nas histórias de liderança na Bíblia, especialmente a de seu homônimo, refletindo sobre as duras lições de humildade, escuta ativa e reconciliação.

Em sua busca por direção, Roboão encontra inspiração em Colossenses 3:13-14, que ilumina seu caminho: “Suportai-vos uns aos outros e perdoai-vos mutuamente, caso alguém tenha motivo de queixa contra outro. Assim como o Senhor vos perdoou, assim também perdoai vós. Acima de tudo isto, porém, esteja o amor, que é o vínculo da perfeição.” Motivado por essas palavras, ele se empenha em reconstruir as pontes quebradas, percebendo que a verdadeira liderança se baseia na comunicação aberta e na capacidade de empregar empatia.

Decidido a curar as divisões e a revitalizar o ministério, Roboão organiza uma série de reuniões onde todos são incentivados a compartilhar suas visões e preocupações. Essa estratégia colaborativa não só ajuda a recuperar a confiança perdida, mas também enriquece o ministério com um mosaico de novas ideias e um renovado senso de missão compartilhada.

Perguntas para Reflexão:

1. Como você pode garantir que suas decisões como líder sejam inclusivas e reflitam as necessidades de todos os envolvidos?
2. De que maneira a prática do perdão e da empatia pode ajudar a superar divisões e construir uma comunidade mais forte?
3. Qual é o valor da escuta ativa e da colaboração na resolução de conflitos e na promoção da unidade?

____

____

____

____

____

____

____

____

____

A saga de Roboão sublinha a importância de uma liderança que valoriza a escuta e o respeito pela diversidade de vozes em uma comunidade. Ele demonstra que, apesar dos deslizes e desafios, há sempre espaço para aprendizado, crescimento, e, crucialmente, para forjar uma união mais profunda e significativa entre seus membros.

O QUE EU TENHO A VER COM ISSO?

Ser Líder Cristão: Unidade, Empatia e Colaboração

Ser cristão e líder entre seus amigos e colegas pode ser uma aventura emocionante e, às vezes, desafiadora. Você não só tem a oportunidade de influenciar os outros positivamente, mas também enfrenta o desafio de tomar decisões que reflitam as necessidades de todos, promovam o perdão e a empatia, superem divisões e fortaleçam sua comunidade. Aqui estão algumas dicas sobre como você pode fazer isso, mantendo-se fiel aos seus valores cristãos.

1. Tomando Decisões Inclusivas

Como líder, uma de suas principais tarefas é garantir que suas decisões sejam justas e inclusivas. Isso significa pensar nas necessidades e perspectivas de todos no seu grupo, não apenas nas suas próprias ou nas de seus amigos mais próximos.

- **Ouvir Primeiro:** Antes de tomar uma decisão, ouça atentamente o que os outros têm a dizer. Isso não só ajuda a evitar mal-entendidos, mas também faz com que todos se sintam valorizados.

- **Busque Diversidade de Opiniões:** Encoraje pessoas que normalmente não falam muito a expressarem suas opiniões. Às vezes, os mais quietos têm ideias brilhantes que estão apenas esperando para serem ouvidas.

- **Ore por Sabedoria:** Tiago 1:5 nos encoraja a pedir sabedoria a Deus quando precisamos, e Ele nos dará generosamente.

2. Praticando Perdão e Empatia

Perdão e empatia são fundamentais para superar conflitos e construir uma comunidade mais forte. Como líder, você pode definir o tom para essas práticas essenciais.

- **Modelar o Perdão:** Lembre-se de como Deus nos perdoa repetidamente. Quando alguém erra com você, mostre o mesmo perdão que você gostaria de receber.

- **Desenvolva a Empatia:** Tente se colocar no lugar dos outros para entender seus sentimentos e perspectivas. Isso pode mudar a maneira como você responde a eles, especialmente em conflitos.

3. Superando Divisões

Divisões e desentendimentos são inevitáveis, mas como você lida com eles pode fortalecer ou enfraquecer sua comunidade.

- **Encontre o Terreno Comum:** Em discussões, em vez de focar nas diferenças, tente encontrar onde vocês concordam e construa a partir daí.

- **Promova a Reconciliação:** Seja proativo em facilitar conversas que promovam a compreensão mútua e a reconciliação entre membros do grupo que podem estar em desacordo.

4. Escuta Ativa e Colaboração

Essas são habilidades cruciais para qualquer líder, ajudando a resolver conflitos e promover a unidade.

- **Pratique a Escuta Ativa:** Quando alguém está falando, dê sua total atenção. Evite a tentação de pensar em sua resposta enquanto o outro ainda está falando.

- **Colabore:** Encoraje todos a contribuírem com ideias para soluções de problemas. Quando as pessoas se envolvem na criação de uma solução, elas são mais propensas a apoiá-la.

Liderar como um cristão é sobre ser um reflexo do amor de Cristo para os outros. Ao mostrar empatia, praticar o perdão, trabalhar para superar divisões e engajar-se em escuta ativa e colaboração, você não só será um líder eficaz, mas também ajudará a construir uma comunidade que reflete verdadeiramente os valores cristãos.

Capítulo 28

Elias: Além das Sombras em Busca de Luz

O jovem Elias vive num tranquilo canto de uma cidadezinha, onde os dias deslizam lentamente como as nuvens no céu de verão. Sua jornada interior é uma tempestade de emoções, muito mais agitada do que o pacato ritmo ao seu redor. Inspirado pelo profeta bíblico de mesmo nome, conhecido por suas provações profundas e sua fé resiliente, nosso Elias moderno se debate com uma tormenta de ansiedade, questionamentos sobre sua identidade e a busca angustiante por um lugar no mundo, enquanto se depara com dúvidas sobre sua fé e ansiedades que turvam sua visão do futuro.

Em meio aos corredores e salas de aula da escola, Elias luta para equilibrar as exigências acadêmicas com uma busca incessante por um significado mais profundo para sua existência. Cada dia é uma escalada íngreme, enfrentando adversários invisíveis como a ansiedade e a depressão que o fazem questionar seu próprio valor e sua capacidade de deixar uma marca positiva no mundo.

À noite, o sono escapa-lhe frequentemente, deixando-o à mercê de um mar de pensamentos que circulam implacavelmente em torno de suas inseguranças e temores. A fé, tanto em si mesmo quanto em um propósito transcendente, parece uma ponte desmoronando sobre um abismo escuro e vasto. As pressões para moldar sua identidade e os temores de um futuro incerto tecem uma neblina densa de desesperança, da qual ele desesperadamente tenta se libertar.

Nos momentos mais sombrios, Elias descobre um estranho consolo nas histórias do profeta bíblico que compartilha seu nome. Ele se identifica particularmente com o momento em que Elias, o profeta, sente-se vulnerável e desesperançado sob uma árvore, revelando que até os mais devotos podem se sentir perdidos e desolados.

Na busca por um farol de esperança, Elias começa a redescobrir a fé de sua família, mergulhando em textos sagrados em busca de compreensão e conforto. Ele se depara com Salmos 34:18, que diz: "Perto está o Senhor dos que têm o coração quebrantado e salva os de espírito oprimido", palavras que acendem uma pequena chama de esperança em sua alma atormentada.

Com o tempo, Elias aprende a compartilhar suas lutas internas, buscando apoio em amigos, familiares e mentores. Ele descobre que se abrir sobre suas batalhas não é um sinal de fraqueza, mas de imensa coragem. Gradualmente, ele encontra maneiras de gerenciar sua ansiedade e revitaliza sua fé não apenas em um poder superior, mas em si mesmo e em seu potencial para superar adversidades.

Perguntas para Reflexão:

1. Como você pode buscar apoio e encontrar forças durante momentos de desespero e depressão?

2. De que maneira a fé e a igreja podem oferecer suporte e luz em tempos de escuridão?

3. Qual é o papel da vulnerabilidade na jornada para superar crises de ansiedade e identidade?

____

____

____

____

____

____

____

____

____

____

____

____

A saga de Elias nos mostra que, mesmo nos vales sombrios da vida, sempre existe um caminho que leva à luz. Ele nos ensina que enfrentar nossos medos e incertezas mais profundos com coragem, fé e o suporte de uma comunidade que nos acolhe pode nos conduzir por uma trilha de cura e autodescoberta.

O QUE EU TENHO A VER COM ISSO?

Enfrentando a Ansiedade: Questionamentos de Identidade e a Busca por um Lugar no Mundo

Na adolescência, enfrentar a ansiedade, questionar sua própria identidade e procurar seu lugar no mundo pode parecer estar no meio de uma tempestade turbulenta. Para um jovem cristão, essas experiências são não apenas desafios, mas também oportunidades para aprofundar a fé e encontrar um sentido que transcende as pressões cotidianas. Aqui estão algumas estratégias para ajudá-lo a navegar por essas águas muitas vezes turbulentas.

1. Reconhecer a Ansiedade e Confiar em Deus

A ansiedade pode se manifestar de muitas maneiras: preocupações constantes, batimentos cardíacos acelerados, dificuldades para dormir, ou uma sensação de inquietação. O primeiro passo é reconhecer esses sentimentos sem julgamento. Lembre-se do que Filipenses 4:6-7 nos ensina: "Não andeis ansiosos por coisa alguma, mas em tudo, pela oração e súplicas, com ação de graças, apresentem seus pedidos a Deus. E a paz de Deus, que excede todo o entendimento, guardará seus corações e suas mentes em Cristo Jesus." Ao enfrentar a ansiedade, volte-se para a oração e a meditação na Palavra de Deus, buscando a paz que só Ele pode oferecer.

2. Explorando Sua Identidade em Cristo

Durante a adolescência, você pode se perguntar "Quem sou eu?" e "A que pertenço?" Essas questões são normais, mas como cristão, você tem uma fundação sólida sobre a qual pode construir sua identidade. Efésios 2:10 diz: "Pois somos criação de Deus realizada em Cristo Jesus para fazermos boas obras, as quais Deus preparou antes para nós as praticarmos." Você é um filho amado de Deus, criado com um propósito único. Envolver-se em atividades da igreja, estudo bíblico e missões pode ajudá-lo a entender melhor esse propósito e a ver como suas habilidades e paixões podem servir aos outros e honrar a Deus.

3. Encontrando Seu Lugar no Mundo

A busca por um lugar no mundo é uma jornada que continua ao longo da vida. Como adolescente cristão, você tem a vantagem de saber que Deus tem um plano para sua vida. Jeremias 29:11 nos assegura: "Pois eu sei os planos que tenho para vocês, diz o Senhor, planos de fazê-los prosperar e não de causar dano, planos de dar a vocês esperança e um futuro." Confie que, mesmo quando o caminho à frente parecer incerto, Deus está com você, guiando seus passos.

4. Buscando Apoio na Comunidade

Você não precisa enfrentar esses desafios sozinho. Provérbios 11:14 diz: "Na multidão de conselheiros há segurança." Converse com líderes confiáveis, amigos cristãos e familiares sobre suas lutas. Eles podem oferecer apoio, orientação e orações que são inestimáveis. Além disso, ao compartilhar suas próprias experiências, você pode descobrir que outros têm enfrentado desafios semelhantes e podem oferecer insights e encorajamento.

5. Mantendo um Diário de Gratidão e Oração

Manter um diário onde você registra suas preocupações, orações e momentos de gratidão pode ser uma ferramenta poderosa. Escrever sobre suas lutas e progressos não só ajuda a processar seus sentimentos, mas também permite que você veja como Deus está trabalhando em sua vida ao longo do tempo.

Enfrentar a ansiedade, os questionamentos de identidade e a busca pelo seu lugar no mundo são partes intrínsecas da jornada adolescente. Como jovem cristão, você está equipado com ferramentas espirituais poderosas e uma comunidade de fé que podem guiá-lo através dessas tempestades para águas mais tranquilas. Lembre-se de que, com fé, paciência e a orientação de Deus, você pode encontrar clareza e propósito em meio às tempestades.

Capítulo 29

Jeroboão: Aceitação

Dentro do vibrante e desafiador cenário de uma cidade pulsante com diversidade religiosa, Jeroboão emerge como um líder carismático em uma igreja nascente, fervilhando com o anseio de se estabelecer em meio a inúmeras denominações tradicionais. Guiado por uma visão que ele crê ser divinamente inspirada, Jeroboão enfrenta o desafio monumental de não apenas cultivar sua congregação, mas também de buscar sua aceitação legítima na comunidade. No entanto, na sua busca para consolidar a identidade de sua igreja e atrair seguidores, ele se vê tentado a adotar crenças e práticas controversas, um eco sombrio do percurso de seu homônimo bíblico, que, na ânsia de afirmar seu reinado, desviou-se para a idolatria e afastou seu povo da fé ancestral.

Jeroboão, com seu carisma inato, atrai uma legião de seguidores, mas suas estratégias para o crescimento da igreja, especialmente sua adoção de doutrinas e rituais pouco ortodoxos, começam a semear discórdia e debates acirrados tanto dentro quanto fora de sua comunidade espiritual. A cada entusiasta que se junta à congregação, encantado por sua visão renovadora, surgem críticos cautelosos que o acusam de manipular os ensinamentos sagrados para atender a interesses pessoais. Essa polarização força Jeroboão a confrontar uma dúvida corrosiva: ele estaria verdadeiramente iluminando o caminho para seus seguidores, ou suas inovações estariam, paradoxalmente, conduzindo-os para longe da essência de sua fé?

Enquanto a igreja cresce em números e ganha notoriedade na comunidade, Jeroboão sente tanto a doçura do sucesso quanto o peso da responsabilidade. A satisfação vem acompanhada de uma inquietação profunda sobre a autenticidade e as repercussões eternas de suas escolhas. A trajetória do Jeroboão bíblico atua como um espelho sombrio, refletindo os perigos do poder e do orgulho desmedido.

Num momento de profunda reflexão, Jeroboão busca sabedoria nas sagradas escrituras. Versículos como Marcos 8:36, "Pois que adianta ao homem ganhar o mundo inteiro e perder a sua alma?", ecoam em seu coração, despertando-o para a necessidade urgente de reavaliar o rumo que sua igreja está seguindo. Esta introspecção o leva a uma encruzilhada, onde ele deve decidir entre o caminho fácil da popularidade e o caminho árduo, mas verdadeiro, da integridade espiritual.

Reavaliando suas prioridades e o verdadeiro significado de liderança espiritual, Jeroboão inicia um processo de transformação significativa. Ele decide alinhar sua visão para a igreja com os fundamentos inabaláveis da Bíblia, reconhecendo que a verdadeira legitimidade não se origina da popularidade ou do sucesso numérico, mas sim da autenticidade e fidelidade à verdade.

Perguntas para Reflexão:

1. Como você pode assegurar que suas crenças e práticas permaneçam ancoradas nos princípios fundamentais da sua fé?

2. De que forma a busca por reconhecimento e expansão pode ser harmonizada com a manutenção da integridade doutrinária?

3. Qual é o impacto das decisões de liderança no caminho espiritual dos seguidores?

A história de Jeroboão nos desafia a refletir sobre a complexidade e as responsabilidades que acompanham a liderança espiritual. Destaca a importância de manter vigilância constante sobre nossas motivações e ações, garantindo que o desejo de crescimento e aceitação não nos desvie do verdadeiro caminho da fé e da autenticidade.

O QUE EU TENHO A VER COM ISSO?

Mantendo a Autenticidade: Como Vigiar Suas Motivações e Ações

Para um adolescente cristão, manter a autenticidade enquanto busca crescimento pessoal e aceitação social pode parecer uma tarefa difícil. A idade traz muitas mudanças, desafios e descobertas, tornando especialmente importante vigiar suas motivações e ações para garantir que elas estejam alinhadas com sua fé e valores. Aqui estão algumas dicas sobre como você pode manter-se fiel ao seu caminho espiritual e pessoal durante esse período dinâmico de sua vida.

1. Conheça a Si Mesmo e Seus Valores

Antes de tudo, é crucial entender quem você é e o que você valoriza. Isso inclui suas crenças, seus objetivos e o que você considera certo e errado. Passe um tempo refletindo sobre essas questões e escreva seus pensamentos. Isso pode ajudá-lo a ter clareza sobre sua identidade e a estar mais preparado para tomar decisões que refletem seus valores.

- **Dica Prática:** Crie um "mapa de valores" onde você lista o que é mais importante para você, como fé, integridade, amizade, conhecimento, etc. Revise e atualize esse mapa regularmente para refletir seu crescimento e mudanças de perspectiva.

2. Faça Perguntas Difíceis

Quando enfrentar uma decisão, especialmente uma que possa levar a um ganho pessoal ou popularidade, pergunte-se: "Por que estou fazendo isso? Isso reflete minha fé e meus valores? Estou buscando aprovação dos outros ou tentando ser fiel a mim mesmo e a Deus?" Essas perguntas podem ajudar a discernir suas verdadeiras motivações e evitar decisões que você pode vir a lamentar.

- **Dica Prática:** Mantenha um diário de decisões onde você escreve as grandes escolhas que fez, por que as fez e como se sentiu sobre elas depois. Isso pode ajudar a identificar padrões em suas motivações e ações.

3. Busque Conselhos e Acompanhamento

Ninguém é uma ilha, e todos precisamos de orientação. Fale com pessoas em quem confia, como pais, líderes de jovens, professores ou amigos que compartilham de sua fé. Eles podem oferecer perspectivas externas que ajudam a manter suas ações alinhadas com suas crenças.

- **Dica Prática:** Estabeleça um relacionamento de mentoria com alguém mais experiente em sua comunidade de fé. Encontrem-se regularmente para discutir sua vida, suas escolhas e seus desafios.

4. Mantenha-se Enraizado na Palavra de Deus

A Bíblia é uma fonte constante de sabedoria e orientação. Fazer da leitura bíblica e da oração uma parte regular de sua rotina diária pode ajudar a manter suas ações e motivações centradas em sua fé.

- **Dica Prática:** Comece cada dia com uma leitura bíblica e um tempo de reflexão ou meditação. Aplicativos de Bíblia podem ajudar a manter esse hábito com planos de leitura diários e lembretes.

5. Reflita Sobre Suas Ações e Suas Consequências

Regularmente, reserve um tempo para pensar sobre as consequências de suas ações. Isso não apenas pode prevenir erros, mas também reforçar comportamentos positivos que estão em harmonia com seus valores.

- **Dica Prática:** Ao final de cada semana, reflita sobre as ações e escolhas da semana. Pergunte-se o que aprendeu e como pode melhorar na próxima semana.

Vigiar suas motivações e ações é um processo contínuo, especialmente importante na adolescência. Ao se esforçar para garantir que o desejo de crescimento e aceitação não desvie você de sua fé e autenticidade, você estará construindo uma base sólida para o resto de sua vida.

Capítulo 30

Eliseu: Forjando um Caminho sob a Luz de um Grande Legado

Numa igreja que pulsa com a energia de uma comunidade vibrante e dedicada, surge a figura de Eliseu, um mentor jovem e cheio de determinação, navegando pelas águas profundas do desenvolvimento de lideranças jovens. Assumindo o manto de um líder espiritual que deixou um legado indelével de carisma e impacto profundo, Eliseu enfrenta o imenso desafio de emergir das sombras de uma figura colossal. Inspirado pela saga bíblica de Eliseu, que herdou o manto de Elias e com ele o desafio de perpetuar e ampliar o trabalho iniciado, nosso Eliseu contemporâneo se lança na missão de moldar sua própria identidade e visão para o futuro do ministério.

Entre sessões de mentoria, planejamento de workshops energéticos e o desenvolvimento de projetos que miram transformar a comunidade, Eliseu se dedica com fervor. No entanto, a sombra de seu antecessor, tão reverenciada, paira sobre ele, alimentando frequentes questionamentos internos sobre sua capacidade de alcançar ou, quem sabe, superar as façanhas do líder que o precedeu. Ele teme que suas próprias ideias sejam vistas como meras réplicas ou insuficientes quando comparadas ao brilho das conquistas passadas.

Essa constante comparação com o passado faz com que Eliseu lute para encontrar sua própria voz e direção, temendo que sua trajetória seja eternamente medida por uma régua alheia, e não por suas autênticas contribuições e inovações. A batalha interna é árdua: como brilhar uma luz própria quando se está tão perto de uma estrela tão brilhante?

Em sua busca por respostas e orientação, Eliseu se aprofunda no estudo da vida de seu homônimo bíblico, especialmente inspirado pelo pedido de Eliseu por uma porção dobrada do espírito de Elias. Essa passagem bíblica o inspira a querer não apenas a igualar seu antecessor, mas a expandir o trabalho iniciado, compreendendo que honrar um legado não é simplesmente imitar, mas sim construir sobre ele com inovação, autenticidade e coragem.

Meditando sobre Efésios 4:7, "Mas a cada um de nós foi dada a graça conforme a medida do dom de Cristo", Eliseu encontra força na oração e na confiança de que sua jornada é única. Reconhecendo que sua contribuição ao ministério será valorizada por suas qualidades distintas e sua obediência a Deus, ele é encorajado a seguir adiante com renovada fé e autoconfiança, empregando seus dons e visão para inspirar e liderar.

Renovado por sua fé e clareza de propósito, Eliseu começa a introduzir novos programas e ideias que refletem sua paixão pessoal e entendimento das necessidades emergentes da comunidade. Ao fazer isso, ele não apenas homenageia o trabalho de seu mentor, mas também estabelece firmemente sua própria identidade como líder. A comunidade começa a reconhecer e valorizar Eliseu por seus próprios méritos, vendo-o não apenas como sucessor, mas como um inovador e guia espiritual.

Perguntas para Reflexão:

1. Como você pode honrar o legado de mentores ou líderes importantes em sua vida, ao mesmo tempo em que afirma sua própria identidade e contribuições?

2. De que maneira reconhecer que cada pessoa tem dons únicos pode ajudar a superar a sensação de estar à sombra de outros?

3. Qual é o papel da inovação e da autenticidade na continuidade e no crescimento de um ministério ou organização?

A trajetória de Eliseu nos ensina sobre a importância de valorizar as bases deixadas por aqueles que nos precederam, enquanto buscamos nossa própria voz e caminho. Ele nos mostra que, ao abraçarmos nossa individualidade e contribuições únicas, podemos não apenas seguir, mas também expandir o legado daqueles que admiramos, enriquecendo nossa comunidade com novas perspectivas e energias revitalizadas.

O QUE EU TENHO A VER COM ISSO?

Honrando o Legado e Forjando Sua Própria Identidade:

Quando alguém se encontra na posição de seguir os passos de um mentor ou líder que admira, pode ser uma experiência ao mesmo tempo inspiradora e intimidadora. Honrar o legado de alguém importante enquanto se desenvolve sua própria identidade e faz suas próprias contribuições é um desafio significativo, mas totalmente possível com a orientação certa. Aqui estão algumas dicas sobre como você pode abordar essa situação de maneira saudável e produtiva.

1. Entenda o Verdadeiro Significado de "Honrar"

Honrar alguém não significa copiar cada ação ou decisão que essa pessoa tomou. Trata-se de reconhecer e respeitar os valores e os princípios que guiaram a vida e as ações dessa pessoa. Como cristão, você pode olhar para as qualidades de liderança de seu mentor que refletem o caráter de Cristo, como amor, serviço e integridade, e aspirar a incorporá-las em sua própria vida.

- **Dica Prática:** Faça uma lista das qualidades que você mais admira em seu mentor e pense em maneiras concretas de como essas qualidades podem ser manifestadas em suas próprias ações e decisões.

2. Desenvolva Sua Própria Visão e Identidade

Deus criou cada pessoa de maneira única, com dons e talentos específicos. Descobrir e desenvolver sua própria identidade é essencial para que você possa contribuir de forma autêntica. Leia Romanos 12:6-8, que fala sobre os diferentes dons dados por Deus, e reflita sobre como seus próprios dons podem ser usados para continuar o legado de uma maneira que seja verdadeira para você.

- **Dica Prática:** Experimente diferentes atividades e projetos para entender melhor seus interesses e habilidades. Oração e meditar na Palavra também podem ajudar a clarear sua visão.

3. Comunique-se e Colabore com Outros

Enquanto você trabalha para forjar sua própria identidade e contribuições, manter uma comunicação aberta com outros membros da sua comunidade ou igreja que também foram influenciados pelo mesmo mentor podem ser muito valioso. Compartilhe suas ideias e esteja aberto para receber feedback. Efésios 4:15 nos lembra de "falar a verdade em amor", o que pode ajudar a crescer e fortalecer sua comunidade.

- **Dica Prática:** Organize reuniões regulares com outros jovens líderes ou membros da comunidade para discutir como vocês podem individualmente e coletivamente contribuir para o legado de seu mentor.

4. Equilibre Tradição e Inovação

Enquanto honra o legado de seu mentor, não tenha medo de introduzir novas ideias que possam melhorar ou expandir o trabalho que já está sendo feito. A inovação é essencial para o crescimento de qualquer organização ou comunidade. Mantenha-se fiel aos princípios bíblicos, mas busque maneiras criativas de aplicá-los às necessidades atuais e futuras da sua comunidade.

- **Dica Prática:** Faça workshops ou participe de seminários sobre criatividade e inovação dentro do contexto cristão para explorar novas maneiras de abordar o ministério ou o serviço comunitário.

5. Mantenha-se Enraizado na Fé

Em todas as suas buscas, manter-se enraizado na sua fé é crucial. Sua identidade em Cristo é a base sobre a qual você deve construir suas ações e decisões. Regularmente dedique tempo para leitura da Bíblia, oração e participação em cultos e atividades da igreja.

- **Dica Prática:** Estabeleça um tempo diário de devocional onde você pode se conectar com Deus e refletir sobre como Ele está guiando seu caminho pessoal e profissional.

Ao seguir esses passos, você pode honrar o legado de importantes líderes ou mentores enquanto desenvolve e afirma sua própria identidade e contribuições. Lembre-se de que cada passo no seu caminho é uma oportunidade para refletir a luz de Cristo, servir aos outros e fazer uma diferença significativa no mundo.

Capítulo 31

Jonas: Coragem e Convicção

Num mundo incessantemente conectado, onde cada evento é instantaneamente noticiado, destacando-se tanto os triunfos quanto as calamidades humanas, encontramos Jonas, um jornalista extraordinariamente talentoso e perspicaz, em um turbilhão de dilemas morais e desafios pessoais. Como um moderno arauto da verdade, Jonas é convocado para cobrir histórias em zonas de conflito, um chamado que testa profundamente seus princípios e sua bravura. Sua hesitação ecoa a relutância do profeta bíblico Jonas, conhecido por tentar escapar do fardo de profetizar contra a grandiosa cidade de Nínive. Nosso Jonas contemporâneo se encontra em uma encruzilhada semelhante, debatendo-se entre o medo e o dever moral, enquanto pondera sobre as implicações profundas de seu trabalho e o impacto pessoal de se aventurar em territórios marcados pela guerra.

Jonas dedica seus dias a uma imersão profunda em pesquisa, entrevistando testemunhas e redigindo artigos que lançam luz sobre aspectos muitas vezes obscurecidos ou ignorados pelo grande público. Contudo, a missão de viajar para corações de conflitos, a fim de narrar as histórias daqueles diretamente afetados pelas atrocidades da guerra, coloca-o diante de um profundo dilema moral. Com cada nova designação, ele é confrontado com a escolha entre a segurança do conhecido e o chamado para dar voz aos que estão silenciados pelo caos.

Como o Jonas das escrituras, nosso jornalista contemporâneo luta com a tentação de se desviar de seu caminho destinado, buscando justificativas para esquivar-se da tarefa intimidadora que o aguarda. Sua relutância não emerge de uma falta de empatia ou indiferença, mas de um temor palpável das consequências que suas reportagens podem acarretar, tanto para si mesmo quanto para os protagonistas de suas histórias.

Diante da magnitude de sua missão, Jonas encontra refúgio na escrita reflexiva, vertendo suas incertezas e temores em um diário pessoal. É neste espaço íntimo de introspecção que ele redescobre a história do profeta Jonas, identificando paralelos marcantes entre sua própria fuga emocional e a relutância do antigo mensageiro.

Em um momento de introspecção profunda, Jonas se volta para a oração, meditando sobre as palavras encorajadoras das Escrituras. Ele se inspira em 2 Timóteo 1:7, que proclama: "Pois Deus não nos deu espírito de covardia, mas de poder, de amor e de moderação." Este versículo se torna a âncora que lhe dá forças para enfrentar seus medos e cumprir seu papel com uma renovada integridade.

Ao abraçar sua responsabilidade com uma perspectiva transformada, Jonas embarca em sua jornada não apenas com determinação, mas também com uma compreensão de que a verdadeira coragem não reside na ausência de medo, mas na capacidade de avançar apesar dele. Suas reportagens a partir das linhas de frente não apenas iluminam as adversidades vivenciadas por muitos, mas também instigam esperança e a possibilidade de uma mudança significativa.

Perguntas para Reflexão:

1. Como você pode confrontar e superar a hesitação ao enfrentar responsabilidades que parecem maiores que você?

2. De que forma a fé e a introspecção podem fortalecê-lo em momentos de dúvida e medo?

3. Qual é o impacto de dar voz aos silenciados em zonas de conflito, e como essa tarefa pode transformar sua visão de mundo e seu propósito pessoal?

A saga de Jonas nos ensina que, embora possamos ser tentados a fugir das responsabilidades intimidadoras, é nossa resposta a esses desafios que define nossa essência e o legado que deixamos. Ele sublinha a importância da coragem, da compaixão e do compromisso inabalável em buscar a verdade e fazer a diferença no mundo, mesmo quando enfrentamos caminhos repletos de incertezas.

O QUE EU TENHO A VER COM ISSO?

Enfrentando Grandes Responsabilidades e Encontrando Força na Fé

Como jovem ou adolescente cristão, você pode frequentemente se encontrar diante de desafios ou responsabilidades que parecem imensos. Seja em relação à escola, à família ou até mesmo à sua comunidade, esses momentos podem trazer hesitação, dúvida e medo. A boa notícia é que sua fé e a capacidade de introspecção são ferramentas poderosas que podem ajudá-lo a navegar por esses desafios. Aqui estão algumas maneiras de como você pode usar sua fé e introspecção para confrontar e superar a hesitação e encontrar força nos momentos de incerteza.

Confrontar e Superar a Hesitação ao Enfrentar Grandes Responsabilidades

1. **Oração e Reflexão:** Antes de tudo, reserve um momento para orar e refletir. A oração pode ser uma fonte incrível de conforto e claridade quando você se sente oprimido. Fale com Deus sobre seus medos e peça orientação e coragem. Lembre-se de Filipenses 4:13: "Tudo posso naquele que me fortalece." Deus não promete que será fácil, mas Ele promete estar com você em cada passo do caminho.

2. **Definir Passos Gerenciáveis:** Grandes responsabilidades podem parecer menos intimidadoras quando divididas em tarefas menores e mais gerenciáveis. Faça um plano de ação que estabeleça pequenos objetivos ao longo do caminho para o seu objetivo maior. Isso não apenas torna o processo menos assustador, mas também proporciona pequenas vitórias ao longo do caminho, o que pode aumentar sua confiança.

3. **Buscar Suporte:** Não tenha medo de buscar suporte. Converse com mentores, amigos, familiares ou líderes de sua igreja que possam oferecer conselhos práticos e espirituais. Provérbios 11:14 diz: "Na multidão de conselheiros há segurança." Você não precisa enfrentar seus desafios sozinho.

Como a Fé e a Introspecção Podem Fortalecer em Momentos de Dúvida e Medo

1. **Fortaleça sua fé com a Palavra de Deus:** A Bíblia está repleta de histórias de pessoas que enfrentaram dúvidas e medos com a ajuda de sua fé. Dedique tempo para ler e meditar nas Escrituras. Versículos como Josué 1:9, que diz "Sê forte e corajoso; não temas nem te espantes, porque o Senhor teu Deus está contigo por onde quer que andares", podem inspirar coragem e determinação.

2. **Prática da Introspecção:** Tire um tempo regularmente para refletir sobre suas experiências e emoções. Escrever em um diário pode ser uma forma eficaz de processar seus sentimentos e descobrir como sua fé se aplica às diferentes situações que você enfrenta. Isso pode ajudar a esclarecer seus pensamentos e fortalecer sua resiliência interna.

3. **Aplique sua fé em ação:** A fé cristã é ativa e prática. Encontre maneiras de colocar sua fé em ação, seja através do serviço comunitário, ajudando um amigo ou participando mais ativamente de grupos de jovens. Agir segundo sua fé pode fortalecer seu coração e mente, dando-lhe confiança para enfrentar os desafios que surgem.

Conclusão

Ao enfrentar grandes responsabilidades ou momentos de dúvida e medo, lembre-se de que sua jornada é única e que sua fé é uma bússola que pode guiá-lo através das tempestades. Cada desafio é uma oportunidade para crescer e fortalecer sua confiança em Deus e em si mesmo. Com oração, planejamento cuidadoso e uma comunidade de apoio, você pode não apenas enfrentar seus desafios, mas superá-los com graça e coragem.

Capítulo 32

Isaías: Verdade e Compaixão

No vibrante cenário do ensino médio, onde cada corredor e sala de aula ecoa com os sonhos e desafios de muitos alunos, Isaías se destaca não apenas por sua inteligência, mas por seu extraordinário dom de empatia. Essa sensibilidade rara permite que ele perceba sutilezas nas emoções alheias, tornando-o um amigo e confidente valorizado. Inspirado pelo profeta bíblico Isaías, que enfrentou o desafio de transmitir mensagens de advertência e salvação, nosso Isaías contemporâneo se vê frequentemente na difícil posição de equilibrar a honestidade brutal com a gentileza necessária, especialmente ao lidar com amigos que estão em caminhos tortuosos.

Isaías, com sua percepção aguçada, é o primeiro a notar quando um amigo está à beira de uma decisão arriscada ou enfrentando problemas que poderiam levá-lo a um caminho de dor. Sua vida escolar é uma teia complexa de interações, ele é ativamente envolvido em clubes e atividades extracurriculares, mas é nos bastidores, em conversas profundas e momentos de apoio silencioso, que seu verdadeiro impacto é sentido. Contudo, a habilidade de discernir problemas traz consigo um fardo pesado. Cada escolha de palavras é um delicado equilíbrio entre a verdade necessária e a compaixão desejada. Isaías se debate com o medo de que, ao expressar suas preocupações, possa inadvertidamente alienar aqueles que tenta ajudar ou, pior, exacerbar suas angústias.

À medida que se aprofunda no papel de conselheiro não oficial de seus pares, Isaías se vê em uma constante batalha interna: como ele pode proteger seus amigos sem causar dor com suas verdades? Essa luta o leva a momentos de reflexão intensa, onde ele busca compreender melhor a missão de seu homônimo bíblico, que também teve que navegar o delicado equilíbrio entre profetizar desastres e oferecer esperança.

Em sua jornada por sabedoria, Isaías volta-se para as Escrituras, encontrando uma bússola moral em Provérbios 12:18, que diz: “Há palavras que ferem como espada, mas a língua dos sábios traz a cura.” Este versículo ressoa profundamente, ensinando-o que a verdade, quando temperada com amor e sabedoria, pode ser um poderoso instrumento de cura e não apenas um machado que fere.

Com este novo entendimento, Isaías começa a moldar sua abordagem. Ele aprende a tecer sua honestidade com threads de apoio incondicional e incentivo, descobrindo que suas palavras podem ser tanto um espelho que reflete a realidade quanto uma janela para novas possibilidades. Ao integrar essa abordagem mais matizada e empática, ele não apenas fortalece seus laços de amizade, mas também se torna um farol de positividade e esperança para seus amigos.

Perguntas para reflexão:

1. Como você pode encontrar o equilíbrio entre a honestidade necessária e a compaixão que seus amigos precisam?
2. De que maneiras a empatia pode moldar a maneira como você entrega mensagens difíceis?
3. Qual é o impacto de oferecer apoio constante e presença ativa na vida de alguém enfrentando desafios?

A trajetória de Isaías nos ensina sobre a complexidade das relações humanas e o poder transformador das palavras. Ele nos mostra que a verdadeira empatia envolve não apenas a coragem de falar verdades difíceis, mas também o compromisso profundo de nutrir e apoiar. Ao abraçarmos esse equilíbrio, podemos ajudar a guiar nossos amigos através de tempestades, ajudando-os a encontrar seus próprios caminhos para a luz.

O QUE EU TENHO A VER COM ISSO?

Como adolescente cristão, você pode se encontrar frequentemente diante de dilemas emocionais complexos que exigem sabedoria e sensibilidade. Aqui estão algumas maneiras baseadas na fé para lidar com esses desafios, mantendo a honestidade, a sensibilidade e a autenticidade.

1. Ser Honesto e Preservar a Sensibilidade dos Outros

A Bíblia nos incentiva a falar a verdade em amor (Efésios 4:15). Isso significa comunicar suas honestas preocupações de maneira que seja receptiva e sensível. Antes de falar, ore pedindo sabedoria e as palavras certas. Pergunte-se se suas palavras edificarão a outra pessoa e ajudarão a melhorar a situação ou se apenas farão com que se sintam piores.

- **Dica Prática:** Pratique o que você quer dizer com um amigo de confiança ou um mentor primeiro. Isso pode ajudar a ajustar seu tom e abordagem para garantir que sua mensagem seja entregue com empatia.

2. Lidando com o Medo de Expressar Preocupações Honestas

O medo de como os outros reagirão pode ser paralisante. Lembre-se de que Provérbios 27:6 diz: "Leais são as feridas feitas pelo que ama, mas os beijos do que odeia são enganosos." Às vezes, dizer a verdade difícil é a coisa mais amorosa que você pode fazer, mesmo que seja desconfortável. Confie que Deus guiará suas palavras e preparará o coração da outra pessoa para recebê-las.

- **Dica Prática:** Comece pequeno. Tente expressar preocupações menores e veja como os outros respondem antes de abordar questões mais significativas.

3. Intervindo Quando Alguém Está Sofrendo ou Tomando Decisões Ruins

Como cristão, você é chamado a amar e cuidar dos outros. Isso às vezes significa intervir quando alguém está sofrendo ou tomando decisões prejudiciais. Ore por orientação e sabedoria sobre quando e como agir. Lembre-se de que sua intervenção deve sempre visar ao bem-estar e crescimento da outra pessoa, não apenas à correção de comportamento.

- **Dica Prática:** Ofereça suporte e ajuda antes de dar conselhos. Às vezes, as pessoas precisam saber que você está lá por elas, não importa o quê.

4. Balanceando Autopercepção com Ação Decisiva

As dúvidas sobre si mesmo são comuns, especialmente na adolescência. Quando enfrentar incertezas sobre suas capacidades, volte-se para as Escrituras para lembrar quem Deus diz que você é. Filipenses 4:13 pode ser um lembrete poderoso: "Tudo posso naquele que me fortalece."

- **Dica Prática:** Faça uma lista de suas realizações passadas e das vezes em que você superou desafios. Isso pode ajudar a fortalecer sua autoconfiança.

5. Buscando Autenticidade

Viver autenticamente significa alinhar suas ações e palavras com suas crenças e valores. Como adolescente cristão, isso significa viver de uma maneira que reflita o amor de Cristo. Isso pode ser desafiador, mas é incrivelmente gratificante.

- **Dica Prática:** Estabeleça um tempo regular para autorreflexão e avaliação de como suas ações refletem suas crenças. Ajuste conforme necessário para garantir que você está vivendo de forma autêntica.

Lidar com esses dilemas emocionais pode ser difícil, mas com a orientação de Deus, a sabedoria das Escrituras e o apoio de sua comunidade, você pode navegar por esses desafios com fé e confiança. Lembre-se, cada situação é uma oportunidade para crescer em seu caráter e em sua fé.

Capítulo 33

Jeremias: A Coragem de Ser Autêntico em um Mundo de Conformidade

Nos corredores agitados de uma escola do ensino médio, onde a pressão para se adaptar é quase tangível, Jeremias emerge como uma figura de destaque, não por seguir a multidão, mas por sua inabalável aderência aos seus próprios princípios e crenças. Sua popularidade pode não seguir os padrões típicos: ele não é o capitão do time de esportes nem o presidente do grêmio estudantil, mas sua autenticidade e integridade o tornam uma figura respeitada por muitos, embora também seja motivo de rejeição por outros. Inspirado pelo profeta bíblico Jeremias, conhecido por sua firmeza em face da oposição ao transmitir mensagens que muitos prefeririam não ouvir, nosso Jeremias moderno enfrenta o desafio de viver sua verdade, mesmo quando isso significa estar sozinho.

Jeremias, solitário por escolha e circunstância, passa seus intervalos e almoços frequentemente sozinho, perdido em pensamentos ou absorto em livros que ecoam seus interesses profundos e valores morais. Esta solidão, embora muitas vezes seja um refúgio, é também o resultado direto de sua recusa em suavizar suas convicções para ganhar aceitação popular.

A exclusão que ele experimenta é um teste diário para sua resolução; cada risada sussurrada ou olhar de desdém é um lembrete do preço de sua autenticidade. Mas ao invés de balançar sua fé, essa rejeição serve apenas para cimentar sua determinação. No entanto, a tensão entre seu desejo inerente de pertencer e sua necessidade de se manter verdadeiro gera uma batalha interna intensa. Ele se pergunta se a fidelidade a si mesmo e a suas convicções vale realmente a solidão episódica que enfrenta.

Nos momentos de dúvida, Jeremias busca conforto nas histórias de seu homônimo bíblico, cuja vida foi marcada por desafios similares. Ele encontra um espelho de sua própria experiência na persistência do profeta Jeremias diante da adversidade e na fé inabalável que o sustentou. Reflexões sobre sua própria jornada o fazem perceber que ser verdadeiro consigo mesmo é, de fato, um ato de coragem que pode custar aceitação temporária, mas traz consigo uma paz interior e um senso de integridade que são inestimáveis.

Alimentado por sua fé, Jeremias encontra consolo e força no versículo de 1 Pedro 4:16, que diz: "Mas, se sofre como cristão, não se envergonhe, mas glorifique a Deus por ser chamado por esse nome." Este poderoso lembrete reforça sua vontade de ver a rejeição não como uma marca de fracasso, mas como uma afirmação de sua identidade e crenças profundas.

Ao longo de sua jornada, Jeremias descobre que a aceitação verdadeira vem de estar em paz com suas crenças e com quem ele realmente é. Ele gradualmente atrai outros que valorizam sua sinceridade e coragem, formando um círculo de amizades baseadas em respeito mútuo e admiração genuína, em vez de mera conformidade. Essas novas amizades provam que, embora a estrada da autenticidade possa ser solitária, ela também é repleta de conexões profundas e significativas.

Perguntas para Reflexão:

1. Como você pode permanecer fiel a si mesmo e às suas crenças, mesmo quando enfrenta rejeição?
2. De que forma sua fé e seus princípios pessoais podem fortalecê-lo em tempos de isolamento social?
3. Qual é o impacto de escolher ser autêntico em vez de se conformar, tanto para sua vida pessoal quanto para os outros ao seu redor?

____

____

____

____

____

____

____

____

A trajetória de Jeremias nos inspira a valorizar a integridade e a autenticidade acima da aprovação superficial. Ele demonstra que, embora enfrentar a rejeição possa ser doloroso, a fidelidade aos nossos princípios e a nós mesmos é a verdadeira fonte de força, e é o alicerce para relacionamentos mais ricos e duradouros.

O QUE EU TENHO A VER COM ISSO?

Enfrentando Dilemas Emocionais: Autenticidade, Coragem e Equilíbrio

Como adolescente cristão, você frequentemente pode se encontrar no meio de um campo de batalha emocional, lutando para manter sua autenticidade enquanto deseja ser aceito socialmente, enfrentando a rejeição por suas crenças, e equilibrando as expectativas dos outros com seus próprios desejos e convicções pessoais. Aqui estão algumas maneiras baseadas na fé para ajudá-lo a navegar por esses desafios.

Autenticidade versus Aceitação Social

Ser verdadeiro consigo mesmo enquanto busca aceitação social é um dos grandes dilemas da adolescência. A pressão para se conformar pode ser intensa, mas como cristão, você é chamado a viver de acordo com valores que podem nem sempre alinhar-se com as normas populares.

Dicas para lidar:

- **Conheça a si mesmo e a Deus:** Passe tempo em oração e estudo da Bíblia para fortalecer sua compreensão de quem Deus quer que você seja (Salmo 139). Quanto mais você entender sobre como Deus o vê, mais confiante você pode ser em sua identidade em Cristo, independentemente das opiniões alheias.

- **Busque suporte de comunidades de fé:** Envolva-se com grupos de jovens na igreja ou comunidades cristãs onde a autenticidade é valorizada. Esses grupos podem oferecer apoio e compreensão, o que é essencial quando se sentir isolado socialmente.

Coragem para Enfrentar Rejeição

Enfrentar rejeição é doloroso, especialmente quando provém de se manter fiel às suas crenças. A Bíblia está repleta de exemplos de pessoas que foram rejeitadas por sua fé, incluindo Jesus.

Dicas para lidar:

- **Espere e prepare-se para a rejeição:** Jesus avisou que o mundo rejeitaria seus seguidores como o rejeitou (João 15:18). Saber disso pode prepará-lo emocionalmente para enfrentar rejeição sem surpresa.

- **Encontre coragem na fé:** Lembre-se de que Deus é a sua fortaleza em tempos de dificuldade (Salmo 27:1). Pedir a Deus coragem e força nas orações pode ajudá-lo a enfrentar a rejeição com dignidade e paz.

Pressão da Expectativa versus Desejo Pessoal

Equilibrar as expectativas dos outros com seus próprios desejos pode ser complicado. Frequentemente, amigos, professores e até família têm uma visão de quem você deveria ser, que pode não coincidir com seus próprios planos ou a vontade de Deus para você.

Dicas para lidar:

- **Comunique seus sentimentos e planos:** Seja honesto com as pessoas ao seu redor sobre seus próprios desejos e como eles podem diferir das expectativas delas. Comunicação aberta pode ajudar a aliviar mal-entendidos e pressões.
- **Alinhe seus desejos com os planos de Deus:** Regularmente refletir e orar sobre suas decisões e desejos pode ajudá-lo a entender melhor o caminho que Deus deseja que você siga. O alinhamento com esse caminho pode oferecer uma paz profunda e duradoura, independente das pressões externas.

Conclusão

Cada um desses desafios é uma oportunidade para crescer em fé e caráter. Ao enfrentar esses dilemas, lembre-se de que você não está sozinho; Deus está com você em cada passo do caminho. Viver uma vida de autenticidade, coragem e alinhamento com seus desejos pessoais e espirituais pode não ser o caminho mais fácil, mas é certamente o mais gratificante e recompensador.

Capítulo 34

Dalila: Reflexões sobre Poder, Perdão e Redenção

Em um colégio onde a competição é feroz e a pressão para se destacar muitas vezes acende as chamas das rivalidades, Dalila se torna uma figura central em um intrincado jogo de manipulação e influência. Inspirada na figura bíblica de Dalila, famosa por usar sua astúcia para descobrir o segredo da força de Sansão, nossa Dalila moderna encarna as sombras e as consequências de ações movidas por inveja, desejo de competir e o impulso de controlar os outros para alcançar seus objetivos pessoais.

Dalila é popular, carismática e brilhante, atributos que ela habilmente usa para cativar e influenciar seus colegas. Sua capacidade de manipular as dinâmicas sociais da escola a coloca em uma posição de poder não oficial, onde frequentemente confunde liderança com manipulação, especialmente ao perceber alguém como uma ameaça ao seu status.

Sua busca por reconhecimento e influência a leva a adotar táticas de intimidação e manipulação emocional contra aqueles que vê como rivais. No entanto, esse desejo ardente de dominar e controlar começa a isolar Dalila à medida que seus colegas começam a perceber além de sua fachada encantadora, questionando suas verdadeiras intenções e o impacto de suas ações.

Ao ser confrontada com as consequências de suas manipulações, Dalila enfrenta um momento de introspecção profunda. O isolamento e a crescente desconfiança de seus colegas a impulsionam a refletir sobre sua conduta e as motivações por trás de seu comportamento manipulador. A história da Dalila bíblica atua como um espelho sombrio, refletindo as perigosas armadilhas que surgem quando o desejo por poder eclipsa a moralidade e a compaixão.

Na busca por redenção, Dalila se depara com os ensinamentos cristãos sobre perdão, humildade e amor ao próximo, desafiando-a a repensar suas ações e o impacto delas nos outros. Ela medita sobre as palavras de Mateus 7:12, "Portanto, tudo o que vós quereis que os homens vos façam, fazei-o também a eles", e começa a compreender a importância de tratar os outros com respeito e dignidade.

A jornada de transformação de Dalila a leva a buscar maneiras de reparar o dano causado, esforçando-se para estabelecer relacionamentos genuínos baseados na verdadeira amizade e não na manipulação. Ao se arrepender e mudar seu comportamento, ela começa a reconquistar a confiança de seus colegas, descobrindo que a verdadeira influência surge do respeito mútuo e apoio, não do medo ou controle.

Perguntas para Reflexão:

1. Como você pode identificar e alterar comportamentos manipulativos ou de bullying em si mesmo ou nos outros?

2. De que forma os princípios de respeito, compaixão e humildade podem moldar suas relações sociais?

3. Qual é o impacto de construir relacionamentos baseados na autenticidade e confiança, tanto para você quanto para sua comunidade?

A trajetória de Dalila nos ensina sobre o poder das ações e a importância de refletir cuidadosamente sobre como nossas escolhas afetam os outros. Ela destaca que, embora possa ser tentador utilizar nossa inteligência e carisma para dominar, o verdadeiro caminho para relacionamentos significativos e enriquecedores é pavimentado com empatia, respeito e um compromisso genuíno em valorizar e apoiar os outros em sua própria autenticidade.

O QUE EU TENHO A VER COM ISSO?

Como adolescente cristão, você pode enfrentar vários dilemas emocionais semelhantes aos de Dalila em sua jornada pessoal. Aqui estão algumas maneiras baseadas na fé para lidar com esses desafios, promovendo um crescimento pessoal e espiritual saudável.

Desejo de Aceitação versus Necessidade de Controle

Como lidar:

- **Reflexão e Oração:** Passe tempo em oração, pedindo a Deus sabedoria para entender quando você está tentando controlar situações ou pessoas e pedindo força para ser mais autêntico. Medite sobre Tiago 4:10: "Humilhai-vos perante o Senhor, e ele vos exaltará."

- **Busque Conselhos:** Converse com um líder jovem ou mentor sobre seus sentimentos. Eles podem oferecer uma perspectiva externa e conselhos sobre como equilibrar a busca por aceitação com a manutenção de sua integridade.

Manipulação versus Autenticidade

Como lidar:

- **Autoavaliação:** Regularmente, avalie suas ações e intenções. Pergunte-se se suas ações estão alinhadas com os valores cristãos de honestidade, transparência e amor ao próximo.

- **Estude a Bíblia:** Provérbios 12:22 diz que "Os lábios mentirosos são abomináveis ao Senhor, mas os que agem fielmente são o seu deleite." Use isso como um guia para viver de maneira autêntica e transparente.

Rejeição e Isolamento

Como lidar:

- **Encontre Conforto na Escritura:** Lembre-se de que Jesus também foi rejeitado. Isaías 53:3 nos lembra que Ele era "desprezado e rejeitado pelos homens". Saber que Jesus enfrentou rejeição pode oferecer conforto e perspectiva.

- **Comunidade de Fé:** Procure apoio em sua comunidade de fé. Amigos cristãos, grupos de jovens e mentores podem oferecer encorajamento e aceitação.

Confronto com as Consequências de suas Ações

Como lidar:

- **Arrependimento:** Reconheça seus erros e busque o perdão de Deus e das pessoas que você prejudicou. 1 João 1:9 nos assegura que "Se confessarmos os nossos pecados, ele é fiel e justo para nos perdoar os pecados e nos purificar de toda injustiça."

- **Mudança de Comportamento:** Demonstre sua mudança por meio de ações consistentes que reflitam seu arrependimento e resolução de melhorar.

Transformação Pessoal versus Pressão Social

Como lidar:

- **Valores Firmes:** Fortaleça seus valores pessoais através do estudo bíblico e da oração. Efésios 4:14-15 nos encoraja a não sermos mais "como crianças, levados de um lado para o outro pelas ondas e levados ao redor por todo vento de doutrina."
- **Comunicação Autêntica:** Seja honesto com os outros sobre sua jornada de fé e as mudanças que você está tentando fazer em sua vida.

Reconstrução de Confiança

Como lidar:

- **Paciência e Persistência:** Entenda que reconstruir a confiança leva tempo. Continue a agir de maneira que mostre sua genuinidade e compromisso com a mudança.
- **Ações Consistentes:** Seja consistente em suas ações e mantenha sua palavra. Mostre através de suas ações diárias que você é confiável e que mudou.

Cada um desses dilemas emocionais oferece uma oportunidade para crescer em fé e caráter. Ao abordar esses desafios com a orientação da Bíblia e uma comunidade de apoio, você pode desenvolver uma resiliência emocional e espiritual que irá guiá-lo ao longo de sua vida.

Capítulo 35

Daniel: Firmeza de Convicções em um Mundo de Compromissos

Numa universidade de prestígio, onde a pressão para sobressair academicamente e socialmente pode ser esmagadora, Daniel se destaca não apenas por suas notas excepcionais, mas por sua integridade e fé inquebráveis. Em um ambiente onde muitos estudantes sentem-se pressionados a dobrar seus valores em busca de sucesso ou aceitação, Daniel enfrenta o desafio diário de manter suas convicções, mesmo quando isso significa navegar por águas turbulentas. Inspirado pela história bíblica de Daniel, que permaneceu firme em sua fé mesmo diante do perigo de ser jogado na cova dos leões, nosso Daniel contemporâneo prova que é possível se manter verdadeiro a si mesmo e às suas crenças, apesar das pressões externas.

Daniel não só se dedica às suas responsabilidades acadêmicas com zelo, mas também participa ativamente de sua comunidade estudantil e de grupos de fé no campus. Ele equilibra o rigor de seu curso com o compromisso de viver seus princípios cristãos, participando de atividades voluntárias e estudos bíblicos, onde busca aplicar sua fé em cada ação do dia a dia.

O verdadeiro teste de suas convicções surge quando um projeto acadêmico crucial exige que ele adote práticas que conflituam diretamente com seus valores éticos e morais. Seguir o caminho esperado por professores e colegas poderia abrir portas acadêmicas e profissionais, mas às custas de comprometer profundamente seus princípios. Optar por recusar poderia significar enfrentar isolamento acadêmico e uma possível queda em sua trajetória universitária.

Nesse momento crítico, Daniel busca inspiração na resiliência e na fé de seu homônimo bíblico, refletindo sobre a coragem demonstrada por Daniel na cova dos leões. Ele se fortalece nessa conexão, relembrando que a verdadeira identidade e integridade valem mais do que qualquer elogio ou sucesso passageiro.

Em sua busca por forças, Daniel mergulha nas Escrituras, meditando em versículos como Josué 1:9, que o exorta a ser forte e corajoso, sem temor ou desânimo, pois o Senhor está com ele em todos os caminhos. Essa passagem bíblica solidifica sua vontade de agir conforme sua fé e valores, mesmo quando isso significa ir contra a maré.

Optando por seguir sua consciência, Daniel enfrenta desafios significativos, mas sua escolha também traz um respeito profundo de muitos ao seu redor, incluindo alguns de seus professores que valorizam a integridade acima do conformismo. Sua decisão não só reafirma sua própria integridade, mas serve como uma poderosa inspiração para outros refletirem sobre o verdadeiro significado do sucesso e liderança.

Perguntas para Reflexão:

1. Como você pode se manter firme em suas convicções frente a pressões para comprometê-las?
2. De que maneiras sua fé e valores pessoais podem ser uma fonte de força nos momentos de prova?
3. Qual impacto o viver de acordo com suas crenças tem na percepção que outros têm de você?

A trajetória de Daniel nos ensina sobre o poder da fé e da integridade em enfrentar desafios. Ele demonstra que se manter fiel às próprias convicções não só é possível como essencial, inspirando a todos ao redor a considerarem a importância de valores autênticos na definição de verdadeiro sucesso e liderança duradoura.

O QUE EU TENHO A VER COM ISSO?

Como adolescente cristão, você pode enfrentar dilemas semelhantes aos de Daniel na universidade. Aqui estão algumas estratégias baseadas na fé para ajudar você a navegar esses desafios complexos.

1. Integridade versus Sucesso Profissional

Como lidar:

- **Priorize sua fé e valores:** Lembre-se de que o sucesso verdadeiro vem de Deus e de viver de acordo com seus ensinamentos. Mateus 6:33 diz: "Buscai primeiro o reino de Deus e a sua justiça, e todas estas coisas vos serão acrescentadas."
- **Busque orientação na oração:** Quando enfrentar decisões difíceis entre integridade e sucesso, ore por sabedoria e coragem para fazer as escolhas certas, mesmo que pareçam difíceis no curto prazo.

2. Solidão versus Conformidade

Como lidar:

- **Encontre uma comunidade de apoio:** Busque amizades e comunidades, como grupos de jovens na igreja, onde sua fidelidade aos valores cristãos seja apoiada e encorajada.
- **Valorize a autenticidade:** Lembre-se de que é melhor ser verdadeiro e fiel a Deus e a si mesmo do que se conformar apenas para evitar a solidão.

3. Fé versus Medo

Como lidar:

- **Reforce sua fé:** Estude personagens bíblicos que enfrentaram e superaram o medo, como Daniel e Davi. Isso pode ajudar a fortalecer sua própria fé e resiliência.

- **Memorize escrituras de encorajamento:** Versículos como Isaías 41:10, que diz "Não temas, pois eu estou contigo", podem ser um lembrete constante de que Deus está com você em todas as situações.

4. Autoconfiança versus Dúvida

Como lidar:

- **Confie no plano de Deus para sua vida:** Reconheça que Deus o criou com um propósito único, e confie que Ele o equipará para enfrentar quaisquer desafios.

- **Peça feedback e orientação:** Não hesite em buscar conselhos de mentores confiáveis, que podem oferecer perspectiva e encorajamento quando você duvida de si mesmo.

5. Responsabilidade Ética versus Pressão Social

Como lidar:

- **Mantenha-se firme em seus princípios**: Use os ensinamentos de Jesus sobre como viver e tratar os outros como uma bússola moral.
- **Pratique respostas a pressões**: Pense antecipadamente em como você pode responder a situações de pressão social que desafiem seus valores, para que você esteja preparado quando elas ocorrerem.

6. Inspiração versus Desânimo

Como lidar:

- **Busque inspiração nas escrituras e na oração:** Quando se sentir desanimado, lembre-se das promessas de Deus e de como Ele ajudou outras pessoas na Bíblia em momentos de desespero.

- **Cultive a gratidão:** Pratique o reconhecimento diário das bênçãos em sua vida, o que pode ajudar a combater sentimentos de desânimo.

Cada um desses dilemas oferece a oportunidade de crescer mais perto de Deus e de fortalecer seu caráter cristão. Ao enfrentá-los, você aprenderá a confiar mais profundamente em Deus e a viver de maneira que reflita verdadeiramente seus valores e sua fé.

Capítulo 36

Oseias: Amor Incondicional e Perdão em Relacionamentos

Dentro das paredes acolhedoras de uma clínica de terapia renomada por suas técnicas inovadoras de reconciliação, encontramos Oseias, um terapeuta cuja própria vida é um reflexo vívido de amor e perdão. Inspirado pelo profeta bíblico Oseias, a quem Deus ordenou casar-se com uma mulher de vida libertina para simbolizar o amor inabalável de Deus por Israel, nosso Oseias moderno se destaca na arte de guiar casais através dos escuros vales da traição e dos conflitos, rumo à luz da cura e do entendimento mútuo.

Oseias, entre consultas e sessões, dedica seus dias a absorver histórias de corações partidos e amores destruídos, oferecendo não apenas seu conhecimento profissional, mas uma empatia forjada no fogo de suas próprias experiências com a traição. Essa jornada pessoal de dor e perdão enriquece sua abordagem terapêutica, permitindo-lhe tratar cada caso com uma mistura rara de empatia profunda e esperança tangível.

Embora seja um mestre em sua profissão, Oseias enfrenta o desafio contínuo de amar incondicionalmente, apesar das cicatrizes da traição. Esse dilema pessoal adiciona uma camada de complexidade à sua prática, pois ele se esforça para manter uma objetividade profissional enquanto navega por suas próprias emoções turbulentas. Ele é diligentemente cuidadoso para não deixar que suas experiências pessoais ofusquem sua capacidade de ajudar seus pacientes a trilhar seus próprios caminhos de reconciliação.

A fé desempenha um papel crucial no trabalho de Oseias. Ele vê um paralelo claro entre sua missão como terapeuta e a mensagem divina de amor e perdão que permeou a vida do profeta Oseias. Essa percepção fortalece seu compromisso com uma terapia que vai além da comunicação e resolução de conflitos, abraçando também o amor incondicional e o perdão como alicerces vitais para qualquer relação duradoura.

Quando se depara com casos particularmente desafiadores ou momentos de dúvida, Oseias se volta para as Escrituras, buscando força e direção em passagens como 1 Coríntios 13:7, que declara que o amor "tudo sofre, tudo crê, tudo espera, tudo suporta." Essas palavras são um bálsamo para sua alma e um lembrete constante do poder transformador do amor e do perdão.

Através de sua prática, Oseias não apenas auxilia casais a transcender a dor da traição e a reconstruir suas vidas juntos, mas também testemunha e participa do poder restaurador do amor verdadeiro. Seu trabalho é uma prova viva de que mesmo nas situações mais dolorosas, existe esperança para renovação e aprofundamento dos laços afetivos.

Perguntas para Reflexão:

1. Como você pode praticar o amor incondicional e o perdão em seus próprios relacionamentos?
2. De que forma sua fé e princípios espirituais podem guiar você através da cura após uma traição?
3. Qual é o papel da empatia e do entendimento mútuo na superação de conflitos e na reconstrução da confiança?

A história de Oseias nos ensina que, apesar das feridas profundas que a traição pode infligir, o caminho para a reconciliação é pavimentado com amor, perdão, e a vontade de olhar além das falhas, reconhecendo a humanidade e a capacidade de mudança em cada um de nós.

O QUE EU TENHO A VER COM ISSO?

Enfrentando Traição e Aprendendo a Perdoar

A traição pode ser uma das experiências mais dolorosas, especialmente durante os anos de adolescência, quando as amizades e os relacionamentos começam a se aprofundar. Aprender a lidar com a traição e exercitar o perdão é crucial, não apenas para a saúde dos relacionamentos, mas também para o bem-estar pessoal. Aqui estão algumas perspectivas e passos baseados na fé cristã para ajudar um adolescente a navegar por esses desafios.

Compreender a Traição

Traição ocorre quando alguém quebra um pacto de confiança. Isso pode vir de um amigo, um membro da família, ou até mesmo de um colega de classe. A dor que acompanha a traição pode causar sentimentos intensos de raiva, tristeza e confusão. É importante entender que esses sentimentos são normais e fazem parte do processo de cura.

Procurar Consolo nas Escrituras

A Bíblia está repleta de histórias de traição e perdão. Uma das mais notáveis é a história de José, que foi vendido como escravo por seus próprios irmãos, uma forma extrema de traição. No entanto, José escolheu perdoar seus irmãos e ver a mão de Deus em sua jornada, apesar das injustiças (Gênesis 50:20). Refletir sobre essas histórias pode proporcionar conforto e uma perspectiva que ajudem a entender que você não está sozinho nesta experiência.

Permitir-se Sentir

Antes de poder perdoar verdadeiramente, é importante reconhecer e processar suas emoções. Ignorar sua dor ou tentar suprimir seus sentimentos não é saudável. Salmo 34:18 nos lembra que “O Senhor está perto dos que têm o coração quebrantado e salva os de espírito oprimido.” Permita-se sentir tristeza ou raiva, trazendo esses sentimentos a Deus em oração.

Escolher Perdoar

Perdoar não significa esquecer o que aconteceu ou desculpar o comportamento errado. Significa, sim, escolher liberar o ressentimento e a amargura. Efésios 4:31-32 diz: "Livrem-se de toda amargura, indignação e ira... Sejam bondosos e compassivos uns com os outros, perdoando-se mutuamente, assim como Deus lhes perdoou em Cristo." Decidir perdoar é um passo que libera não apenas a pessoa que traiu você, mas também a você mesmo da carga de sentimentos negativos.

Buscar Apoio

Falar com alguém de confiança pode ser incrivelmente útil. Isso pode ser um líder de jovens, um pastor, ou um conselheiro cristão. Eles podem oferecer orientação, suporte e oração que ajudem no processo de cura. Além disso, compartilhar sua experiência com amigos ou familiares de confiança pode proporcionar o conforto de que você não está sozinho.

Refletir sobre o Crescimento Pessoal

Finalmente, considere o que pode aprender com a experiência. Traições dolorosas podem também ser oportunidades para o crescimento pessoal e espiritual. Pergunte-se como você pode crescer em compaixão, empatia e entendimento. Como pode essa experiência fortalecer sua fé?
A traição pode ser transformada em uma oportunidade para desenvolver uma compreensão mais profunda do perdão, da graça e da misericórdia que Deus oferece a todos nós. Ao escolher o caminho do perdão, você está seguindo os passos de Cristo, promovendo a paz em seu coração e nos seus relacionamentos.

Capítulo 37

Joel: O Guardião Silencioso dos Caminhos

No vibrante caleidoscópio de um grupo de amigos unidos por inúmeras aventuras e desventuras, Joel emerge como uma figura única, o farol silencioso que guia seus companheiros através das águas turvas das escolhas da vida. Inspirado pelo profeta bíblico Joel, que exortou o povo de Judá a se arrepender e mudar seus caminhos ante as calamidades naturais que serviam como metáforas para desastres espirituais, nosso Joel moderno é impulsionado por uma urgência similar de desviar seus amigos dos perigos que ameaçam suas vidas.

Joel caminha na corda bamba, tentando equilibrar a preservação de amizades preciosas com a responsabilidade de agir como a consciência do grupo. Suas intervenções são impulsionadas por uma preocupação profunda com o bem-estar de seus amigos, mas nem sempre são recebidas de abraços abertos. Enfrenta o desafio constante de moldar suas preocupações de maneira que não sejam vistas como julgamentos, mas como gestos genuínos de cuidado e preocupação.

Cada momento que Joel percebe a necessidade de intervir, ele se encontra com a árdua tarefa de equilibrar seu cuidado com os amigos e o risco de ser percebido como intrusivo ou excessivamente protetor. Sua disposição para apontar os perigos de certas escolhas coloca-o em uma posição delicada, onde mal-entendidos e a possibilidade de perder conexões profundas são riscos reais.

Joel muitas vezes pondera sobre o peso de falar palavras difíceis e a dor de ver amigos ignorando seus conselhos. A narrativa de seu homônimo bíblico ressoa com ele, lembrando-o tanto da importância de chamar ao arrependimento quanto da necessidade de paciência e empatia na entrega de mensagens desafiadoras.

Em sua jornada para se tornar um conselheiro mais eficaz e amigo verdadeiro, Joel se inspira em Provérbios 27:6: "Melhores são as feridas feitas pelo amigo do que os beijos dados pelo inimigo." Essa sabedoria bíblica fortalece sua visão de que suas ações não são de julgamento, mas de amor e preocupação autênticos.

Ao longo de sua jornada, Joel aprende a aprimorar sua abordagem, buscando formas de comunicar suas preocupações de maneira mais eficaz e compassiva, focando no diálogo aberto e no apoio incondicional. Ele descobre que oferecendo ajuda prática e estando presente nos momentos de necessidade, ele pode verdadeiramente influenciar positivamente a vida de seus amigos.

Perguntas para Reflexão:

1. Como você pode alertar seus amigos sobre comportamentos perigosos sem arriscar sua amizade?

2. De que forma sua fé e seus valores podem guiar suas intervenções de maneira respeitosa e amorosa?

3. Qual é o impacto de permanecer fiel aos seus princípios, mesmo quando isso pode gerar conflitos ou mal-entendidos?

A saga de Joel nos inspira a valorizar a amizade que ousa ser honesta, o cuidado que se atreve a alertar, e a coragem de ser a voz da consciência em meio ao tumulto do dia a dia. Ele demonstra que, apesar dos desafios, optar pelo caminho do amor verdadeiro e da preocupação genuína pode guiar aqueles a quem amamos para longe de perigos e em direção a um futuro mais seguro e pleno.

O QUE EU TENHO A VER COM ISSO?

Enfrentar dilemas emocionais como os de Joel exige sabedoria, paciência e muita fé. Aqui estão algumas orientações baseadas nos princípios cristãos que podem ajudar você, um adolescente cristão, a lidar com essas questões complicadas de maneira eficaz e compassiva.

1. Equilíbrio entre Intervenção e Aceitação

Como lidar:

- **Ore por sabedoria:** Antes de decidir intervir, peça a Deus que lhe dê sabedoria para saber o que dizer e como dizer (Tiago 1:5). A oração pode esclarecer se é o momento de falar ou de se manter em silêncio.

- **Seja sensível:** Aproxime-se de situações delicadas com sensibilidade e empatia. Lembre-se, o objetivo é ajudar, não julgar.

2. Preocupação Genuína versus Percepção de Julgamento

Como lidar:

- **Escolha palavras com cuidado:** Ao expressar preocupações, escolha palavras que reflitam carinho e compreensão, não crítica (Efésios 4:29). Fale de uma maneira que gostaria de ouvir se estivesse no lugar deles.

- **Explique suas intenções:** Às vezes, um simples esclarecimento de suas intenções pode prevenir mal-entendidos. Deixe claro que suas ações são motivadas pelo amor e pela preocupação com o bem-estar deles.

3. Preservação da Amizade versus Necessidade de Falar Verdades Difíceis

Como lidar:

- **Mantenha o respeito mútuo:** Mesmo quando tiver que falar verdades difíceis, mantenha o respeito pela pessoa. Isso pode ajudar a preservar a amizade, mesmo através de desafios (Provérbios 27:17).

- **Seja paciente:** As pessoas podem nem sempre responder bem inicialmente. Dê tempo para eles processarem suas palavras.

4. Responsabilidade Pessoal versus Responsabilidade pelo Outro

Como lidar:

- **Reconheça seus limites:** Entenda que você pode aconselhar e apoiar, mas cada pessoa é responsável por suas próprias escolhas. Você não pode controlar as ações dos outros, apenas influenciar positivamente (Gálatas 6:5).

- **Encoraje a autonomia:** Incentive seus amigos a buscar suas próprias respostas e soluções, talvez até através de suas próprias orações e reflexões.

5. Impacto das Intervenções na Própria Autoestima e Identidade

Como lidar:

- **Refletir sobre sua identidade em Cristo:** Sua autoestima deve estar ancorada em quem você é em Cristo, não apenas nas reações das pessoas às suas ações (Gálatas 2:20).
- **Procure apoio:** Conversar com mentores, pais ou líderes espirituais sobre suas lutas pode oferecer conforto e orientação.

6. Enfrentar Rejeição por Ser a Voz da Consciência

Como lidar:

- **Fortaleça sua fé:** Fortaleça-se com escrituras que prometem que Deus está com você, mesmo em tempos de rejeição (Mateus 5:11-12).
- **Valorize o apoio de uma comunidade de fé:** Esteja envolvido com sua igreja ou grupo de jovens onde você pode se sentir aceito e apoiado.

Cada um desses dilemas oferece uma oportunidade para crescer em sua fé e aprender mais sobre como viver como Cristo viveu. A chave é buscar sempre a orientação de Deus e manter um coração aberto e humilde, pronto para servir e amar os outros, mesmo quando é difícil.

Capítulo 38

Amós: A Voz de Coragem em Defesa da Justiça

Dentro das paredes vibrantes de uma igreja comunitária, cheia de calor humano, mas não imune a falhas, surge a figura de Amós, um líder juvenil cuja presença é sinônimo de coragem e justiça. Inspirado pelo profeta bíblico de mesmo nome, que desafiou as elites de sua época e clamou contra as injustiças sociais, nosso Amós contemporâneo é impulsionado por um fervor similar para corrigir as desigualdades dentro de sua própria comunidade de fé, especialmente aquelas enfrentadas por adolescentes que são novatos na igreja e frequentemente se encontram à margem.

Com um compromisso inquebrantável com a inclusão, Amós trabalha incansavelmente para transformar a igreja em um refúgio seguro para todos os jovens, com atenção redobrada para aqueles vindos de contextos ou comunidades diferentes. Ele organiza uma série de encontros, workshops e atividades interativas que promovem diálogo, compreensão e empatia, visando desmantelar preconceitos arraigados e fomentar um ambiente de aceitação.

No entanto, a missão de Amós de combater a injustiça e promover a igualdade frequentemente o coloca em situações delicadas, especialmente ao confrontar comportamentos e práticas enraizados que perpetuam a exclusão de novos membros. Ele enfrenta o desafio contínuo de equilibrar seu ativismo apaixonado com a necessidade de preservar a harmonia e evitar divisões dentro da comunidade.

Movido pela injustiça que testemunha, Amós pondera sobre o papel vital dos líderes espirituais e comunitários em serem agentes de mudança social. A narrativa de Amós bíblico, que se ergueu contra a complacência e a injustiça de seus tempos, serve como uma fonte de inspiração inestimável e um lembrete constante da responsabilidade de defender a justiça e a retidão.

Guiado pelos ensinamentos bíblicos sobre justiça e compaixão, Amós encontra direção no poderoso versículo de Miqueias 6:8: "Ele te declarou, ó homem, o que é bom; e que é o que o Senhor pede de ti, senão que pratiques a justiça, e ames a misericórdia, e andes humildemente com o teu Deus?" Este mandamento se torna o alicerce de sua missão, impulsionando-o a conduzir suas ações de acordo com os valores cristãos.

Sob sua liderança, Amós testemunha uma transformação significativa na maneira como os jovens interagem e acolhem uns aos outros, pavimentando o caminho para uma comunidade mais inclusiva e justa. Seus esforços destacam a importância crucial de não apenas falar contra as injustiças, mas de tomar medidas concretas para erradicá-las, promovendo respeito e dignidade para todos.

Perguntas para Reflexão:

1. Como você pode identificar e combater injustiças em sua comunidade ou grupo?
2. De que maneira os princípios da fé podem inspirar e orientar seu ativismo contra desigualdades sociais?
3. Qual é o impacto de fomentar inclusão e respeito mútuo em ambientes comunitários e espirituais?

A trajetória de Amós nos ensina sobre o poder transformador de uma voz profética na batalha contra a injustiça e na promoção de uma sociedade mais amorosa e justa. Ele demonstra que, ao nos mantermos fiéis aos princípios de justiça, misericórdia e humildade, podemos inspirar mudanças profundas que refletem o coração do Evangelho, criando espaços onde todos são valorizados e acolhidos.

O QUE EU TENHO A VER COM ISSO?

Confrontar dilemas emocionais como os enfrentados por Amós exige uma abordagem equilibrada que alia fé, empatia e ação prática. Aqui estão algumas dicas para ajudar um adolescente cristão a lidar com desafios semelhantes, de maneira que honre seus valores espirituais e promova mudanças positivas.

1. Equilíbrio entre Ativismo e Unidade Comunitária

Como lidar:

- **Ore por sabedoria:** Antes de agir, peça a Deus sabedoria para saber como abordar as questões de forma que promova unidade e compreensão (Tiago 1:5).

- **Promova diálogos inclusivos:** Encoraje conversas onde todos os lados possam expressar suas opiniões e sentimentos. Isso pode ajudar a evitar divisões e construir consenso.

2. Confrontação de Preconceitos versus Preservação de Relações

Como lidar:

- **Seja assertivo,** mas amoroso: Confronte comportamentos e crenças prejudiciais de forma direta, mas faça-o com amor e respeito, lembrando que todos estão em uma jornada de crescimento (Efésios 4:15).

- **Use exemplos pessoais:** Compartilhar suas próprias experiências pode ajudar os outros a entenderem a importância de mudar certas atitudes.

3. Pessoal versus Profissional

Como lidar:

- **Estabeleça limites saudáveis:** Aprenda a separar suas emoções pessoais de suas responsabilidades como líder, o que pode ajudar a manter uma perspectiva objetiva e eficaz.

- **Busque suporte:** Não hesite em procurar orientação de mentores ou líderes espirituais quando as emoções pessoais começarem a impactar seu papel.

4. Desânimo frente à Resistência

Como lidar:

- **Mantenha a fé e a paciência:** Reconheça que a mudança é muitas vezes um processo lento e que a resistência é parte do caminho. Continue confiando que Deus está trabalhando, mesmo que não seja visível (Gálatas 6:9).

- **Celebre pequenas vitórias:** Reconheça e celebre qualquer progresso, por menor que seja, como sinal de que as mudanças estão tendo impacto.

5. Responsabilidade de Liderança versus Carga Pessoal

Como lidar:

- **Cuide de si mesmo:** Equilibre suas responsabilidades com atividades que reabasteçam sua energia espiritual, mental e física. Lembre-se de que você não pode servir eficazmente aos outros se estiver esgotado.

- **Delegue quando possível:** Aprenda a delegar tarefas para evitar sobrecarregar-se e permitir que outros cresçam e contribuam.

6. Fé nas Convicções versus Dúvida

Como lidar:

- **Fortaleça sua fé diariamente:** Mantenha uma prática regular de leitura bíblica, oração e meditação para fortalecer sua fé e convicções.

- **Peça reforço na fé:** Quando as dúvidas surgirem, busque encorajamento e confirmação em sua comunidade de fé e nos ensinamentos bíblicos.

Cada um desses dilemas emocionais oferece uma oportunidade valiosa para crescer em compreensão, empatia e eficácia no ministério e liderança. Ao enfrentar esses desafios com fé e uma abordagem ponderada, você pode ajudar a transformar sua comunidade de maneira positiva, refletindo o amor e a justiça de Cristo em todas as suas ações.

Capítulo 39

Ester: Uma Chama de Justiça em Tempos de Divisão

Em meio a uma comunidade fragmentada por divisões profundas e injustiças persistentes, Ester se ergue como uma figura emblemática de coragem e um símbolo vibrante da luta pela equidade. Inspirada pela histórica rainha bíblica que arriscou tudo para salvar seu povo, nossa Ester moderna é uma adolescente determinada, que se destaca na batalha contra a discriminação e na promoção da igualdade em sua cidade. Munida de uma fé inquebrantável e uma convicção forte, ela ilumina os cantos escuros de sua comunidade, demonstrando que enfrentar desafios gigantescos com coragem e integridade não é apenas possível, mas essencial.

Ester divide seu tempo entre a escola, onde se dedica com fervor aos estudos, e o trabalho voluntário em diversas organizações comprometidas com a justiça social. Ela também toma a frente em campanhas de conscientização, educando sua comunidade sobre os perigos da intolerância e os benefícios de uma sociedade mais inclusiva. Sua jornada a leva por caminhos pouco explorados, onde ela fala em nome dos silenciados e desafia as estruturas de poder que sustentam as desigualdades.

No entanto, a missão de Ester está repleta de obstáculos. Ela frequentemente enfrenta oposição, não apenas de desconhecidos, mas também de membros de sua própria comunidade, que veem suas iniciativas como uma ameaça ao status quo. A pressão para se conformar é intensa, e o medo de represálias é uma constante em sua vida. Mas Ester, guiada por uma força interna indomável, se mantém firme, alimentada pela crença de que a justiça e a verdade devem triunfar.

Nos momentos de incerteza e temor, Ester encontra solidez na história de sua homônima bíblica. A coragem da rainha Ester, que se colocou diante do rei para salvar seu povo, reafirma sua fé e resolve que enfrentar o perigo em nome de um bem maior não é apenas um ato de bravura, mas um imperativo moral.

A fé de Ester é a sua bússola; ela se apoia nas Escrituras para orientação e força. Provérbios 31:8-9 ressoa profundamente com ela, lembrando-a de levantar a voz pelos que não podem falar e fazer justiça pelos desprotegidos e necessitados. Este versículo se torna o alicerce de sua missão, moldando sua compreensão da justiça e fortalecendo seu compromisso com suas ações.

Graças à sua dedicação incansável e coragem inabalável, Ester começa a ver uma transformação em sua comunidade. As pessoas ao seu redor começam a questionar as injustiças e a buscar um caminho mais justo, inspiradas por sua liderança. Ester prova que é possível desafiar o sistema e promover mudanças significativas.

Perguntas para Reflexão

1. Como você pode agir corajosamente para defender a justiça em sua própria comunidade?
2. De que maneira sua fé pode motivar e sustentar seus esforços para fomentar a igualdade?
3. Qual é o impacto de tomar uma posição contra a injustiça, mesmo quando isso implica enfrentar desafios significativos?

A saga de Ester nos inspira a não recuar diante das adversidades. Ela nos ensina que a coragem de se levantar pela justiça é uma das manifestações mais poderosas da fé em ação, instigando-nos a lutar pelo que é certo e a trazer luz às áreas sombreadas pela injustiça e desigualdade em nossa sociedade.

O QUE EU TENHO A VER COM ISSO?

Enfrentar dilemas emocionais como os de Ester requer não apenas coragem e resiliência, mas também uma profunda fé e confiança nos ensinamentos cristãos. Aqui estão algumas sugestões sobre como um adolescente cristão pode lidar com esses dilemas de maneira eficaz e compassiva:

1. Coragem versus Medo

Como lidar:

- **Confie em Deus:** Lembre-se de que Deus não nos dá um espírito de medo, mas de poder, amor e autocontrole (2 Timóteo 1:7). Ore pedindo coragem e força para enfrentar os desafios.
- **Procure apoio:** Converse com líderes de confiança em sua igreja ou grupo de jovens que possam oferecer orientação e encorajamento.

2. Convicção versus Conformidade

Como lidar:

- **Mantenha-**se firme em seus valores: Estude passagens bíblicas que reforcem a importância de viver de acordo com os princípios cristãos, como Josué 1:9, que encoraja a ser forte e corajoso.
- **Dialogue com respeito:** Ao enfrentar pressões para conformar-se, expresse suas convicções de maneira respeitosa e compreensiva, promovendo diálogo em vez de confronto.

3. Isolamento versus Comunidade

Como lidar:

- **Crie uma rede de apoio:** Envolva-se com grupos que compartilham de suas crenças e valores. Isso pode incluir grupos de jovens, clubes escolares de serviço comunitário ou grupos de estudo bíblico.

- **Seja inclusivo:** Enquanto defende a justiça, lembre-se de acolher e ouvir outros pontos de vista, o que pode ajudar a minimizar o isolamento.

4. Liderança versus Vulnerabilidade

Como lidar:

- **Aceite sua vulnerabilidade:** Reconheça que mostrar vulnerabilidade pode ser uma força, não uma fraqueza. Compartilhar suas próprias lutas pode ajudar outros a se sentirem mais conectados com você.

- **Equilibre responsabilidades:** Aprenda a equilibrar as exigências da liderança com a necessidade de cuidar de si mesmo, garantindo tempos de descanso e reflexão.

5. Impacto Pessoal versus Impacto Comunitário

Como lidar:

- **Avalie suas ações:** Considere como suas ações afetam tanto sua vida pessoal quanto o bem-estar da comunidade. Ore por discernimento para fazer escolhas que sirvam ao bem maior.
- **Procure orientação:** Discuta suas decisões com mentores ou conselheiros para obter perspectivas adicionais sobre o impacto de suas ações.

6. Justiça versus Perdão

Como lidar:

- **Busque justiça com compaixão:** Lembre-se de que buscar justiça não exclui a prática do perdão. Jesus nos ensinou a amar nossos inimigos e orar por aqueles que nos perseguem (Mateus 5:44).
- **Fomente a reconciliação:** Envolva-se em atividades que promovam tanto a justiça quanto a reconciliação, ajudando a curar e restaurar relações quebradas.

Essas estratégias não apenas ajudam a lidar com os dilemas, mas também promovem crescimento pessoal e espiritual significativos, guiando o adolescente a viver uma vida que reflete os valores e ensinamentos de Cristo.

Capítulo 40

Sadraque, Mesaque e Abede-Nego: Fidelidade e Coragem

Em uma universidade vibrante, conhecida por sua diversidade e liberdade de expressão, três amigos, unidos por uma fé inabalável, brilham com uma luz que desafia o ambiente secular ao seu redor. Inspirados pelos valorosos Sadraque, Mesaque e Abede-Nego da Bíblia, que desafiaram um rei e sobreviveram a uma fornalha ardente por sua fé inquebrantável, nossos heróis contemporâneos encaram desafios similares, lutando para viver de acordo com seus princípios espirituais e inspirar aqueles ao seu redor.

No campus, eles são conhecidos por sua dedicação não apenas às responsabilidades acadêmicas, mas também ao enriquecimento da comunidade cristã. Eles são pilares em grupos de estudo bíblico, eventos de adoração e projetos de serviço comunitário, buscando sempre maneiras criativas e respeitosas de compartilhar sua fé e envolver outros em conversas significativas sobre espiritualidade.

Ainda assim, nem tudo é fácil para estes amigos. Eles frequentemente se sentem como ilhas em um mar de indiferença ou hostilidade sutil. O desafio de manter-se fiel às suas crenças, enquanto tentam construir pontes com colegas que parecem distantes de qualquer interesse espiritual, é constante e desgastante.

Os três amigos encontram inspiração e força na história de Sadraque, Mesaque e Abede-Nego, cuja coragem frente ao fogo rei Nabucodonosor os torna exemplos imortais de fidelidade e confiança em Deus. Eles veem nesses antigos heróis um espelho de sua própria determinação de viver uma vida que reflete seus valores, sem ceder às pressões para se conformarem às expectativas sociais ou culturais predominantes.

Confrontados com situações que desafiam sua fé, os amigos frequentemente se voltam para Daniel 3:17-18, onde os jovens hebreus expressam sua fé indomável, prontos para enfrentar o fogo sem garantias de um resgate divino. Este versículo torna-se um lema para eles, um lembrete constante de que sua fé deve permanecer firme, independentemente das circunstâncias.

Ao longo do tempo, a autenticidade, o respeito e o amor demonstrados em suas ações começam a quebrar barreiras. Os amigos conseguem iniciar diálogos profundos sobre fé, levando alguns colegas a questionar e explorar suas próprias crenças. O testemunho desses três amigos começa a atuar como uma ponte, trazendo curiosidade e até respeito por suas convicções profundas.

Perguntas para reflexão:

1. Como você pode se manter fiel às suas convicções em um ambiente que não as valoriza ou compartilha?

2. De que formas a amizade e o apoio mútuo podem fortalecer sua caminhada espiritual, especialmente durante desafios?

3. Qual é o impacto de viver sua fé de forma autêntica sobre a percepção e interação dos outros com suas crenças?

A saga de Sadraque, Mesaque e Abede-Nego no campus universitário nos ensina sobre o poder transformador da fé e da amizade. Eles nos mostram que viver com integridade e proclamar sua fé pode, de fato, iluminar os caminhos de outros, inspirando-os a buscar uma compreensão mais profunda e pessoal do Evangelho, provando que a fé, mesmo quando parece ser minoria, tem o poder de influenciar e transformar comunidades.

O QUE EU TENHO A VER COM ISSO?

Enfrentar os dilemas emocionais que Sadraque, Mesaque e Abede-Nego experimentam na universidade pode ser desafiador, mas a fé cristã oferece várias ferramentas e princípios que podem ajudar um adolescente a navegar essas situações complexas. Aqui estão algumas estratégias baseadas nos princípios cristãos para lidar com os dilemas apresentados:

1. Fidelidade à Fé versus Desejo de Aceitação Social

Como lidar:

- **Confiança em Deus:** Fortaleça sua fé através da oração e do estudo da Bíblia, buscando a Deus para obter coragem e sabedoria para se manter fiel aos seus princípios (Salmo 28:7).
- **Encontre uma comunidade de apoio:** Conecte-se com grupos de jovens cristãos ou organizações no campus que compartilhem de suas crenças e valores. Essas comunidades podem oferecer apoio e encorajamento quando você se sentir isolado.

2. Coragem para Testemunhar versus Medo de Rejeição ou Isolamento

Como lidar:

- **Viva sua fé abertamente:** Pratique sua fé de maneira autêntica e aberta. Seja um exemplo de amor e bondade cristãos, o que pode atrair outros para Cristo mais do que palavras (Mateus 5:16).
- **Prepare-**se para rejeição: Lembre-se de que até Jesus foi rejeitado. Não leve a rejeição para o lado pessoal, mas a veja como uma parte do caminho cristão (João 15:18).

3. Compromisso com a Justiça versus Pressões para Conformidade

Como lidar:

- **Seja um defensor da justiça:** Defenda o que é certo, mesmo que seja difícil. Use sua voz para promover a justiça e a igualdade, fundamentando suas ações nos ensinamentos de Jesus sobre amor e justiça (Miqueias 6:8).
- **Diálogo com graça:** Ao enfrentar questões controversas, faça-o com respeito e graça, procurando sempre o diálogo ao invés do confronto (Colossenses 4:6).

4. Manutenção de Amizades interreligiosas versus Diferenças Fundamentais de Crenças

Como lidar:

- **Respeite as diferenças:** Aprenda sobre as crenças dos outros e respeite suas perspectivas. Mostre interesse genuíno e faça perguntas que promovam a compreensão mútua (1 Pedro 3:15).
- **Enfatize o que é comum:** Concentre-se em valores compartilhados, como a bondade, a compaixão e a justiça, que podem servir de base para amizades sólidas, apesar das diferenças espirituais.

5. Esperança e Otimismo versus Desânimo e Frustração

Como lidar:

- **Mantenha a perspectiva eterna:** Quando se sentir desanimado, lembre-se da promessa de Deus de que seu trabalho em nome Dele não é em vão (1 Coríntios 15:58).
- **Celebre pequenas vitórias:** Reconheça e comemore as pequenas conquistas e mudanças positivas. Isso pode ajudar a manter o ânimo e uma perspectiva positiva a respeito da vida.

Lidar com esses dilemas envolve um equilíbrio entre manter sua integridade espiritual e se engajar de maneira amorosa e eficaz com aqueles ao seu redor. Ao se apoiar em sua fé, buscar apoio comunitário e agir com amor e respeito, você pode navegar com sucesso por esses desafios e fazer a diferença em seu ambiente.

Conclusão

Ao chegarmos ao final desta jornada, olhamos para trás e reconhecemos o terreno que percorremos. Em meio às páginas deste livro, você foi convidado a explorar as profundezas de sua própria fé e a refletir sobre o propósito que ela traz para a vida moderna. As histórias que revisitamos não foram meras narrativas do passado, mas guias vivos, faróis que iluminam o caminho à frente. Cada capítulo revelou que as lições da Bíblia permanecem atemporais, ressoando profundamente com os desafios e as descobertas do mundo atual.

As histórias de Adão, Eva, Noé, Abraão e tantos outros não são apenas lembranças de figuras bíblicas, mas ecos das lutas e questões que enfrentamos hoje. Elas servem como espelhos de nossa própria vida, reflexos das dúvidas, medos, desejos e esperanças que todos carregamos. Elas nos mostraram que, mesmo em tempos diferentes, a essência humana permanece inalterada. Seja você um adolescente ou um adulto, a busca por identidade, propósito e pertencimento é universal e eterna.

Neste livro, as histórias bíblicas se entrelaçam com os desafios modernos, proporcionando uma nova perspectiva sobre como a fé pode ser uma âncora firme em um mundo de incertezas. A era digital em que vivemos, com sua conectividade constante e pressão para alcançar a perfeição, muitas vezes substitui a conexão espiritual. No entanto, ao longo desta jornada, você foi desafiado a reconsiderar o que realmente importa e a buscar uma vida que seja autêntica, significativa e enraizada em princípios eternos. Minha oração, como pastor, é que este livro tenha despertado em você mais do que apenas respostas prontas. Espero que tenha sido uma fonte de inspiração para que você continue sua jornada de fé com convicção renovada. Talvez você tenha saído desta leitura com mais perguntas do que respostas – e isso é perfeitamente normal. Afinal, a fé é uma jornada contínua, não um destino final. Cada dia é uma nova oportunidade para aprender, crescer e confiar mais em Deus.

A pergunta central deste livro: “Como posso viver uma vida significativa?”, é algo que não se resolve em um único momento, mas é uma questão a ser respondida diariamente. Ela se manifesta em cada escolha que fazemos, em cada ato de amor, compaixão e integridade que decidimos viver. O verdadeiro sucesso não é medido pelo número de curtidas ou seguidores nas redes sociais, mas pela nossa fidelidade ao propósito que Deus nos deu.

Que as histórias e lições contidas aqui tenham servido como uma bússola, ajudando você a navegar pelas tempestades da vida moderna e a encontrar o caminho de volta ao que realmente importa. Mais do que isso, que elas tenham acendido em seu coração uma chama de esperança, lembrando-o de que, independentemente das circunstâncias, há sempre um propósito maior em ação: um propósito que Deus está tecendo em sua vida, mesmo quando você não consegue ver o quadro completo.

Ao longo desta jornada, você também foi lembrado de que não está sozinho. Assim como os personagens deste livro, você faz parte de uma comunidade de fé, seja sua igreja, seus amigos ou sua família espiritual. A vida pode ser desafiadora, mas com fé, propósito e uma comunidade ao seu lado, você pode enfrentar qualquer coisa. Apoie-se nessas pessoas, compartilhe suas lutas e alegrias com elas, e sigam juntos em direção a um futuro repleto de esperança e significado.

Este livro foi apenas o começo. A jornada não termina aqui; ela continua em cada decisão que você toma, em cada passo que dá em direção ao propósito que Deus tem para sua vida. À medida que você avança, que o Espírito de Deus guie seus passos, fortalecendo sua fé e dando-lhe coragem para enfrentar os desafios que surgirem no caminho. Que você encontre paz em meio ao caos, propósito em meio às incertezas, e fé em cada circunstância.

Obrigado por me permitir fazer parte desta jornada com você. E lembre-se: o final deste livro é apenas o início de um novo capítulo em sua vida. Que Deus abençoe cada momento a partir daqui, guiando-o sempre em direção à Sua vontade perfeita e ao plano que Ele tem para você.

Com fé, esperança e amor,

Pastor Juliano de Castro
@prjuju

Notas

Notas